월급쟁이를 위한
부동산 투자 스쿨

월급쟁이를 위한 부동산 투자 스쿨

초 판 1쇄 2020년 08월 27일

지은이 김영완
펴낸이 류종렬

펴낸곳 미다스북스
총괄실장 명상완
책임편집 이다경
책임진행 박새연, 김가영, 신은서, 임종익
책임교정 최은혜, 정은희, 강윤희, 정필례

등록 2001년 3월 21일 제2001-000040호
주소 서울시 마포구 양화로 133 서교타워 711호
전화 02) 322-7802~3
팩스 02) 6007-1845
블로그 http://blog.naver.com/midasbooks
전자주소 midasbooks@hanmail.net
페이스북 https://www.facebook.com/midasbooks425

© 김영완, 미다스북스 2020, *Printed in Korea*.

ISBN 978-89-6637-836-4 03320

값 15,000원

부동산 투자 전문가가 알려주는 직장인 초보 투자 불패 비법

월급쟁이를 위한
부동산 투자 스쿨

김영완 지음

미다스북스

당신의 경제적 자유를 위한
부동산 투자를 시작하라!

당신은 인생이라는 긴 터널을 지나고 있다. 당신의 선택이 당신을 부의 추월 차선으로 달리게 할 수도 있고, 그렇지 않을 수도 있다. 고속도로를 타고 달리기로 했다면, 부의 추월 차선에 올라타기로 선택했다면, 그다음은 내비게이션에 최종 목적지인 '부동산 투자'를 입력해야 한다. 당신의 인생은 당신이 선택할 자유가 있다. 서행 차선과 추월 차선 중 어떤 것을 선택할 것인가? 서행 차선에서 추월 차선으로 변경하려고 결정했다면. 깜빡이를 켜고 핸들을 돌리고 속도를 높이면 된다. 그리고 앞을 보고 달리면 된다. 물론 가끔은 옆을 봐도 좋다. 하지만 전방을 주시하고 달려야 한다. 근심 걱정 없이 살 수 있다면 어떤 기분일까? IMF나 경제 대란 같은 외부 영향을 받지 않고 안정적인 삶을 살 수 있다면 어떨까? 이 책에서는 사랑하는 내 가족을 지킬 수 있는 해법을 제시했다.

우리는 모두 경제적 자유와 행복을 원한다. 시간적·경제적으로 자유로운 삶을 꿈꾼다. 그렇다면 진정한 경제적 자유의 상태란 무엇인가? 그것은 재정적인 여유뿐만 아니라 정신적 안정도 포함한다. 진정한 경제적 자유란 부동산 폭락 속에서도 흔들리지 않는 일정한 수입을 주는 부동산을 갖추는 것이다. 우리는 우리가 투자한 부동산이 안정적으로 수입을 만들어 경제적 문제를 해결해주기를 원한다. 흔들리지 않는 자산, 그 어떤 외부의 영향을 받지 않는 자산을 구축한다면 부의 추월 차선에 안전하게 올라타게 될 것이다. 하지만 요즘 같은 혼돈의 시대에 외부의 영향을 받지 않는 자산을 구축할 수 있을까? 일장춘몽이 되지 않을까?

세계 경제를 흔들었던 2008년 금융위기가 기억난다. 당시 나와 관계없는 다른 나라의 경제적 쓰나미가 한국에 있는 나에게까지 절망과 두려움을 주었다. 부동산 시장이 무너져 당신의 집값도, 나의 집값도 추락했다. 이유 없이 몇 억을 손해 볼 수밖에 없었던 현실이었다.

지금은 이렇게 말하지만, 그 당시에는 평생 모은 돈을 날리고, 회사에는 월급을 압류한다는 법원 문서가 날아왔다. 부동산 시장에 불어닥친 경제적 위기가 없었으면 얼마나 좋았을까? 세상은 조용하고 평화롭고 세계 경제도 안정적으로 제자리를 찾고 고도성장을 했을 텐데 말이다. 그러나 현실은 불안정하고 정신없는 세상이다. 우리나라도 마이너스 금리 시대를 향해 가고 있다. 은행이란 적금을 하면 이자를 주고, 다른 사람에게 빌려주고 돈을 버는 곳이다. 하지만 이제는 은행에 돈을 맡기려면 돈을 내야 하는 시대가 오고 있는 것이다.

우리는 이렇게 비정상적인 세상에서 살고 있다. 저축으로 돈을 모으던 시대는 사라져가고 있다. 이렇게 혼돈의 세상에 사는 우리는 어떻게 미래를 준비해야 할까? 앞이 깜깜하고 혼란스러운 일이다.

이 책에 호황과 불황에도 돈을 버는 방법을 알고 있는 수백, 수천 억 자산가들의 대답과 비결을 공유했다. 이 방법을 사용하면 이 책을 읽는 이들도 혼돈 시대에 경제적 자유를 거두는 법을 알게 될 것이다.

경제적 자유를 얻기 위해서 반드시 미래를 예측할 필요는 없다. 당신이 지금 해야 할 일은 '통제' 가능한 일에만 집중하는 것이다. 우리는 부동산 시장을 흔들 수도 없고 고도성장만을 하게 할 수도 없다. 당신이 시장을 예측하고 통제하기에는 세상은 너무 복잡하다. 5G 스마트폰 속도만큼 세상도 너무 빨리 변화해서 통제하기가 불가능하다. 그러나 '당신이 통제할 수 있는 것'에만 초점을 맞추고 행동한다면 부의 추월 차선에서 달리게 될 것이다.

내가 통제할 수 있는 것에만 신경 써라. 이것이 바로 그 비법이다. 자신을 속이는 것이나 긍정적인 사고만으로는 부의 추월 차선에 올라설 수 없다. 자기 최면만으로는 충분하지 않다. 경제적 자유를 누리기 위해서는 구체적인 전략이 필요하다. 당신은 앞서 설명한 부동산을 배우고, 투자하고 다른 투자자들의 심리를 파악하고 그들의 단점과 당신의 장점을 찾아야 한다. 그리고 어떻게 해야 이길 수 있는지 생각해야 한다. 부동산 지식이 당신을 경제적·시간적으로 자유롭게 할 것이다.

이 책의 가장 큰 목적은 실천할 수 있는 구체적 방법을 제공하는 것이다. 누구나 알고 있다고 생각하지만 실천하지 않은 것을 모은 실천서라고 생각하면 된다. 이 책의 구체적인 계획을 활용하여 지금 당장 시작한다면 어떤 상황에서도 당신은 경제적 자유를 누릴 수 있을 것이다. 많은 사람이 투자를 가볍게 생각하기에 큰 비용을 날리게 된다.

어떤 사람들은 투자에 대한 전문 지식이 부족해서 무섭고, 어렵고, 머릿속이 정리가 안 돼 일시 정지 상태가 된다. 이런 사람들은 부동산 투자 결정을 내려야 할 때 두려움으로 행동하고 그런 상태에서의 결정은 잘못되기 쉽다. 하지만 이 책을 보며 계획을 세우면 부의 추월 차선은 그리 멀지 않다. 경제적 자유를 얻기 위해 조금만 더 노력하면 된다. 당신이 누구이고 어디에 있든 걱정하지 마라. 하나하나 실천하면 된다. 부동산 투자로 경제적 자유를 원하는가? 이 책의 지식과 수단과 방법을 흡수하고 계획을 세워라. 경제적 자유는 고도의 집중과 몰입이 필요한 분야다. 이 책에 담긴 지혜를 이해하고 응용한다면 당신이 상상한 것보다도 큰 보상을 받을 수 있다.

결정했으면 실천해야 한다. 결정은 운명이요, 실천은 개척이다. 이 책을 읽은 후에 당신이 내린 결정이 대부분의 사람이 꿈만 꾸는 경제적 자유를 가져다줄 것이다.

2020년 8월

김영완

차례

1장

부동산, 이것도 모르고 투자하면 절대 안 된다

2장

부동산 눈이 있다면 돈은 중요하지 않다

3장

절대 실패하지 않는 부동산 투자 방법 9가지

4장

최소 자금으로 최고 자산을 공략하는 8가지 기술

5장

당신도 부동산 투자의 추월 차선에 올라타라

Real Estate Investment School

부동산, 이것도 모르고
투자하면 절대 안 된다

01

부동산 투자도 A급 정보는 따로 있다

나는 사람들에게 자주 묻는다.

"돈 벌고 싶으신가요?"

그러면 모든 사람은 눈을 크게 뜨고 반짝이며 말한다.

"돈 벌고 싶어요, 부동산 투자하고 싶은데 A급 정보는 어디 있나요?"

부동산 투자 A급 정보는 어디 있을까? 부동산 중개소에 있다. 부동산 사장이 돈 되는 투자 정보에 가장 빠르다. 투자하고자 하는 지역의 부동산 사장과 친분을 쌓아놓아라. 이것이 A급 정보를 가장 빨리 얻는 방법

17

이다. 별 것 없다. 틈날 때마다 방문해서 식사나 커피를 같이하라. 나는 이런 투자를 하고 싶다며 생각하는 투자 예산으로 가능한지 물어본다면 대부분 부동산 사장은 친절하게 답변해줄 것이다. 부동산 사장은 투자 물건이 생기면 당신을 제일 먼저 기억할 것이다.

나는 신혼집을 서울 강서구 투룸 빌라에 차렸다. 2년이 되어갈 때쯤 집 주인은 직접 들어와 살 예정이니 집을 비워달라는 통보를 했다. 그 시절 은 수도권에 전세난이 심할 때였다. 전세금도 많이 올랐다. 나의 적은 보증금으로 구할 수 있는 전셋집은 서울에 없었다. 일이 끝나고 공인중개 사인 누나의 차를 타고 서울을 벗어나 인근 경기도 부천에서 집을 찾았 다. 노후되고 환경이 안 좋았다. 그때 신축 빌라가 눈에 들어왔고, 그 집 을 계약했다.

그 신축 빌라가 나의 첫 집이었다. 당시 나는 부동산의 '부' 자도 모르던 시절이었다. 매매가 1억 5천만 원 대출을 받아서 5층에 공원 전망이 있는 집을 매매했다.

그 사이 서울 강서구 부동산들은 1년 사이에 매매가 1억 대에서 3억대로 2배 이상 부동산 가격이 폭등했다. 조금 무리해서 염창동 인근 아파트를 구매했으면 더 좋았겠다는 아쉬움에 한숨이 나왔다. 경매를 통한 방법도 있었을 텐데 갈림길에서 살짝 어긋난 선택이 이후 계속 후회로 남아 있다.

명심하라. 지식은 돈 주고라도 배워야 한다. 준비되지 않은 사람은 기회가 와도 잡을 수 없다. 기회란 누구에게나 다가오지만 아무나 잡을 수 없다. 주식이든, 부동산이든, 사업이든 공부를 하지 않으면 아무리 좋은 A급 정보도 도움이 되지 않는다. 절대로 부자가 될 수 없다.

당장 투자할 돈이 없어도 부동산 강좌, 모임, 카페에서 정보를 모으고 미리 준비하기를 권한다. 돈은 언젠가 생기지만 공부는 때가 있다고 생각한다. 무슨 수를 써서라도 꾸준히 공부해서 준비하고 기다리면 당신에게도 기회가 올 것이다.

누구나 경제적으로 자유로운 삶을 살고 싶어 한다. 왜 그럴까? 현실적으로 수십 년 직장생활만 해서는 안정된 경제적 자유를 얻을 수 없기 때문이다.

사람들은 대부분 돈을 벌고 싶지만, 좋은 물건에 투자할 때에는 망설이고 안 되는 이유만 찾는다. 나는 사람들의 이중적인 모습을 자주 봐왔다. 이 세상에 완벽한 투자 물건이 존재할까? 그런 물건은 거의 없다. A급 물건은 내가 먼저 투자하고 자금이 부족할 때만 손님들에게 넘긴다. 이렇듯 돈 되는 부동산 투자도 A급 정보는 따로 있다.

따스한 봄날 오후였다. 약간 떨리는 목소리에 중국 교포 50대 여자분이 전화를 걸어왔다.

"저, 소개로 전화드렸습니다. 그 집 아직 있나요?"
"아, 네. 그런데 어떤 형태를 원하세요?"
"투룸이요."
"이사 날짜가 어떻게 되시나요?"
"최대한 빨리요."
"네, 그럼 언제 집 보러 오실 건가요?"
"내일이요."
"알겠습니다. 내일 뵙겠습니다."

그렇게 전화를 끊고, 다음 날 손님을 만나서 누구 소개인지 물으니 중국인 친구라고 말했다. 처음에는 누군지 몰랐으나 한참을 생각해보니 기억이 났다. 며칠 전에 2시간 넘게 통화했던 여자분이 있었는데 그분 소개

였던 것이다. 그가 전화 통화만으로 친절했던 나를 믿을 만한 사람이라고 판단하여 친구에게 소개해준 것이었다.

손님과 테이블에서 커피 한잔을 마시면서 예산은 얼마나 되는지, 어떤 집을 원하는지, 대출은 얼마를 받을 예정인지, 신용 상태는 어떤지 등 모든 질문이 끝나고 나서 조건에 맞는 집 2~3개를 보여드리기로 하고 집을 보러갔다. 첫 번째 집은 어두워서 싫고, 두 번째 집은 골목으로 너무 들어가서 맘에 안 들어 했다. 신혼부부가 세 들어 있던 세 번째 집은 환하고 깨끗하고 아늑하다고 마음에 들어 했다. 집주인과 이사 일정을 조율하고 계약서 작성을 하러 부동산으로 향했다. 그런데 손님은 내일 계약하자고 미루는 것이었다. '뭐지? 그렇게 좋아하셨는데?' 사무실에서 배웅을 나가면서 살짝 여쭤보았는데 "남편과 상의하고 전화해줄게요."라고 하신다. 그렇게 계약을 뒤로하고 헤어졌다.

그날 밤 10시에 손님이 전화를 걸어왔다.

"집값 조금만 깎아주면 안 되나요? 집은 맘에 드는데 200만 원 부족해요."

"알겠습니다. 집주인에게 깎아달라고 해볼게요."

집주인 사장님에게 전화했다. 늦은 시간에 1시간을 넘게 통화했다. 사고 싶다는 사람 있을 때 파시라고 몇 번을 밀고 당겨서 200만 원을 깎기로 했다. 계약금 1,000만 원을 지금 즉시 통장으로 입금하는 조건으로 마무리했다. 손님에게 지금 바로 입금하면 200만 원 싸게 계약하는 거라고 설명하고 전화를 끊었다. 시세보다 싸게 내놓은 매매가 1억 3,500만 원에서 200만 원을 깎은 건 상당히 큰 금액이었다.

나중에 계약하고 알게 되었는데 중국인 손님은 식당에서 한 달 150만 원을 받고 일을 하므로 200만 원은 한 달 넘게 일해야 받을 수 있는 큰돈이었다. 다음 날 중국 교포 손님은 흡족해하셨고 계약을 마무리했다. 그리고 손님은 이렇게 이야기했다.

"내가 왜 당신과 계약했는지 모르겠네요."
"무슨 말씀이지요?"

사실은 이랬다. 손님의 이모가 한국에서 공인중개사로 일하고 있는데, 나를 통해 계약했다는 말이었다.

그럼 왜 나와 계약을 했을까? 수많은 부동산이 있는데 말이다. 그 이유는 나의 말투와 외모에서 신뢰를 느꼈기 때문이었다. 나는 정직과 신뢰로 영업한다. 손님은 그 점을 알아챘다. 손님을 진심으로 대하는 나의 태도와 정직한 영업 마인드를 느꼈던 것이었다.

평범한 당신이 경제적 자유를 꿈꾸며 투자 정보를 구하기는 조금 어렵다. 누가 A급 정보를 아무에게나 주겠는가? 생각해보면 답이 나온다. 부동산 세미나, 부동산 강연을 들어봐도 뜬구름 잡는 얘기가 많을 것이다. 자기 자랑을 하거나 과거에 이렇게 해서 돈을 많이 벌었다고 동기 부여를 많이 해준다. '돈 벌게 해준다. 책임진다'는 사람은 사기꾼이거나 세상을 모르는 열정만 가득한 사람일 것이다. 많이 아는 사람은 입이 가볍지 않다.

그렇다면 평범한 당신은 어떻게 해야 할까? 집을 매매할 때 부동산 사장에게 먼저 친절을 베풀거나 도움을 요청한다면 적게는 100만 원, 많게는 몇천만 원까지 더 싸게 살 수 있다. 그분들을 무시하거나 잘난 척하면 이런 도움을 못 받고 계약을 할 수 있다. 무슨 일이 있어도 부동산 사장에게 최대한 존중을 해줘라. 가능하다면 칭찬도 해줘라. 칭찬은 고래도 춤추게 한다고 하지 않는가. 그리고 칭찬은 돈이 안 들면서도 최고의 무기다.

내가 사고자 하는 물건지의 부동산 사장이 부동산 투자의 A급 정보를 가진 최고의 전문가다. 나도 맘에 드는 손님 편에서 최대 3,000만 원까지 깎아서 거래를 성사시킨 적이 있었다. 부동산 사장의 말 한마디에 몇천만 원의 돈을 절약할 수 있다는 사실을 꼭 명심하기 바란다. 부동산 사장의 A급 정보와 당신의 행운이 함께한다면 부동산 투자로 성공할 것이다. 이것이 당신의 돈과 노력을 아끼는 제일 좋은 방법이다.

진정한 부자들은 주고받지 않는다. 주고, 또 주고, 자꾸 주고, 그냥 주고 그리고 나눠준다. 대가를 받으려고 주지 않는다는 것이다. 당신도 남에게 베풀 줄 아는 진정한 부자가 되길 바란다.

02

부동산 투자는 왜 해야 하는가?

부동산 투자는 왜 해야 하는가? 월급만 받아서는 현실이 힘들기 때문이다. 회사에서 일 잘하고 인정받는 사람도 노후에 집 한 채 남는 게 대부분 서민의 현실이기 때문이다. 아무리 열심히 살아도 노후 걱정 없이 살 수 있는 여유를 갖기가 쉽지 않다.

그럼 어떻게 해야 하는가? 재테크를 해야 한다. 주식과 부동산이 있지만, 직장 다닐 때 부동산 투자로 돈 버는 재미를 느껴보라 권한다. 뉴스 보고, 부동산 카페 가입하고, 유튜브나 블로그를 보면서 부동산 추세도 확인해라. 시간이 날 때는 부동산에 가서 커피 마시고 부동산 동향도 물어보면 된다. 1가구 2주택 비과세 전략으로 대출을 이용해서 자산을 늘려야 한다. 나는 사람들이 꿈꾸는 경제적 자유를 실현하도록 돕는 데 노력해왔다. 힘든 현실을 벗어나는 방법을 알려주는 것에 큰 기쁨을 느낀다. 어떤 느낌인지 너무나도 잘 알고 있기 때문이다.

나는 강원도 산골 가난한 집에서 태어나서 자랐다. 아버지는 사업에 실패해서 매일 술을 드셨고, 어머니는 4남매를 키우기 위해 밤낮으로 일하셨다. 우리 가족은 늘 끼니를 걱정해야 했다. 옥수수와 감자를 주식으로 먹었다. 가끔 어머니가 술 찌꺼기를 얻어와 술빵을 만들어주셨다. 너무 가난해서 고등학교 때는 교복과 교련복이 내가 가진 옷의 전부였다. 그때에 비하면 현재 나는 경제적으로 풍족한 상태가 되었다.

나는 사람들이 재정적으로 여유로운 삶을 살 수 있도록 돕기로 마음먹었다. 내게는 아주 큰 이점이 있었다. 내게 고도의 집중과 몰입을 알게 해준 성공한 100억 부자들이 옆에 있었다. 그들은 당신의 인생도 바꿀 수 있는 사람들이다. 그들이 했던 방법과 지식을 전달한다.

지금 40세라면 60세가 될 때까지, 앞으로 20년을 지금 당장 설계해야 한다. 노후를 설계할 시간이 충분하다. 현재 목돈이 3천만 원 정도 있다면 이 돈으로 소액 경매부터 한다. 돈이 없을 경우는 경매 공부부터 해야 한다. 종잣돈도 없이 경매 공부를 하려면 어렵고 힘들 수도 있다. 그럴 때는 입찰 공고를 확인하고 실전 연습 삼아 법원을 방문한다. 실전과 똑같이 물건지 임장을 간다. 휴일에는 부동산에 가서 매매 가격도 물어본다. 해당 입찰일에는 가상으로 입찰 연습을 한다. 가격을 정해서 입찰 봉투에 넣고, 낙찰인지, 패찰인지, 권리 분석이 잘 되었는지 꼼꼼히 실습해본다. 법원에서 점심을 먹으며 입찰하는 상상을 해보면 삶의 희망이 생긴다. 공부가 안 되어 있으면 기회가 와도 시작할 수 없다. 종잣돈이 없을 경우는 한 달에 40만 원씩 1년이면 480만 원이 모인다. 1년이 넘어가면 지쳐서 포기하기 때문에 이럴 때도 마찬가지로 낙찰 연습이 꼭 필요하다. 끝까지 참고 기다려야 돈 벌 수 있다. 자수성가 부자들은 오랜 시간을 참고 노력하여 자산이라는 결실을 얻은 것이다.

투자 손님의 소개로 처음 만난 A와 저녁 식사를 하게 되었다. A는 부천 법원 쪽에 살고 계셨다. 조금 이른 시간이지만 소주 한잔하자고 하셨다. 소주 한 병, 두 병이 쌓이면서 이야기가 길어졌다. 자기도 고생을 많이 했다고 한다. 나중에 알게 되었는데, 현찰 50억 원과 부동산 50억 원 정도를 소유한 진짜 부자였다.

A의 명함은 아주 다양했다. 주식, 경매, 법무사 사무실을 운영했고 추가로 일본 중고차를 국내로 수입해 판매하는 딜러이기도 했다. 처음부터 매번 성공하지는 못했다. 몇 번의 실패와 성공을 반복하면서 100억 자산을 이루게 된 것이었다.

한번은 A가 사업이 망해서 힘든 세월을 보낼 때였다. 보다 못해 장모님이 현찰 10억을 빌려주셨고, 돈과 시대 흐름이 딱 맞았는지 단기간에

재기할 수 있었다. A에게 IMF 금융위기는 기회였다. 그동안 겪은 경험과 노력을 발판 삼아 알짜배기 아파트만 선택해서 투자하여 불과 3년 만에 50억 자산으로 만들었고, 10년 만에 100억 자산도 만들었다. 장모님께 현찰 10억을 갖고 지방의 호텔을 사드렸다고 한다. 대단하신 분이다.

'만약 누군가 나에게 10억을 조건 없이 빌려준다면 어디에 투자할 건가? 나는 준비가 되어 있는가?' 냉정하게 생각해보자. A처럼 10억을 투자받아서 100억 자산으로 만들고, 원금 갚고 이자도 몇 배로 쳐서 갚을 기술과 노하우가 있는가? 모든 것은 때가 있다고 하지만, 준비 없는 자에게는 기회조차도 없다는 것을 명심해야 한다.

이 글을 읽는 당신은 아직도 기회가 있다. 누구에게나 기회가 찾아오지만, 기회가 온 것도 모른다면 현실은 바뀌지 않을 것이다.

제일 먼저 당신은 생각을 바꿔야 한다. 단기와 중기, 장기 계획과 목표를 세워라. 그리고 당신의 인생을 바꿔야 한다. 작은 노력과 생각의 변화가 부자가 되기 위한 시작이다.

따뜻한 햇살 아래 커피 한잔의 여유를 즐기고 있었다. 50대 여자분의 전화가 걸려왔다.

"여보세요? 광명역 근처에 1억으로 투자할 물건 있나요?"

"1억이면 2채도 가능합니다."

손님과 1시간 후에 현장에서 만나기로 하고 전화를 끊었다. 그 당시 광명시는 재개발로 아파트 가격이 많이 오르던 지역이었다. 하지만 재개발 현장 외의 지역은 높은 언덕과 빌라들이 많았다. 재개발이 안 되는 곳은 오래된 건물을 부수고, 신축 빌라들이 하나씩 지어졌다. 그래서 광명시는 투자자들이 많이 몰리기도 했다.

1시간 후 50대 여성 손님과 만나 이야기를 했다. 손님은 광명시 부동산을 10군데 이상 방문했는데 1억으로 투자할 물건은 없다고 했다면서 나처럼 확실하게 투자 물건 있다는 부동산 사장은 없다고 하셨다. 나처럼 확실하고 명확한 사람을 만나고 싶었다며 2채도 가능하다는 이야기를 듣고 한걸음에 달려오셨다고 한다. 본인이 원하던 투자라고 하셨다.

커피 한잔을 마시며 이런저런 얘기를 나눈 후 물건을 보여드렸다. '손님이 지금 커피 마시고 있는 이 집과 바로 위층에 커다란 테라스가 있는 집, 2채를 하실 수 있다'고 설명해드리니 속마음을 말씀하셨다. '목돈이 생겨 투자해야 하는데, 아파트는 너무 올라 투자가 안 되고, 광명역 가까운 곳에 투자 물건을 찾아 오늘도 부동산 여기저기 다녔는데 맘에 드는 물건이 없었다'는 것이었다.

부동산에서 20~30년 된 물건만 보여주고 가격도 너무 비싸 투자할 마음이 없었다고 하소연하셨다. 빌라 물건을 설명해드리고, 대출 및 전세 세입자도 책임지고 맞춰드린다고 했더니 부동산도 아닌데 어떻게 전세도 맞춰주는지 궁금해하셨다. 저희는 부동산 공인중개사분들을 활용하고 온라인 마케팅을 하므로 모든 책임을 지고 15일 안에 투자자와 전세 세입자를 맞춰드린다고 했더니 수긍을 하셨다. 세입자까지 책임진다는 특별 계약사항을 계약서에 기록했다. 책임을 진다는 말에 손님은 두말하지 않고 계약서 2장에 도장을 찍었다.

계약이 끝난 후 손님이 말씀하셨다.

"사실 나도 공인중개사입니다. 예전에 부동산을 하다가 지금 다른 일을 하는데 여윳돈이 생겨 투자하는 거고요. 지금까지 당신처럼 이렇게 '확실하게 된다!'라고 시원시원하게 말하는 투자 전문가는 못 봤습니다."

그 당시 왜 그렇게 자신이 있었을까?

나는 하루에도 부동산 물건을 30개 이상을 살펴 가격을 인지하고 있었고, 전세 물건이 없어서 세입자가 줄 서 있다는 것도 파악하고 있었다. 그리고 실제 충분히 전세 세입자를 맞출 수 있었으니까 당연히 확신에찬 자신감으로 말했던 것이다. 즉 허세가 아닌 실제 데이터를 기반으로 말한 것이다. 확실한 정보력과 노하우가 만든 자신감이었다.

'신축 빌라' 하면 주위에서 '그거 거품이 심한 거 아니야? 그런 데 투자하면 안 돼!' 하시는 분들이 많다. '안 돼, 안 돼.'라고만 외치는 사람 치고 실제 투자 경험이 있는 사람은 거의 없다. '누가 그랬는데….'라면서 이래서 안 되고, 저래서 안 된다고 한다.

투자의 기본을 지킨다면 모든 물건은 투자 물건이 될 수 있다. 이거저거 안 된다는 것이 아니라 전철역 가깝고 아파트 재개발로 들썩이고 모든 국민의 관심사가 쏠려 있다면 최상의 컨디션을 가진 투자 물건이고, 투자할 돈이 있다면 투자를 해볼 만하다고 생각한다.

갭투자도 적정 수준 안에서 한다면 문제 되지 않는다. 전세반환 보증보험에 가입될 정도의 갭투자라면 세입자도 안심하고 입주할 수 있고, 투자자도 무리하지 않아서 2년 후 새로운 세입자 맞추기도 좋고 시세 차익도 노릴 수 있다. 물론 아파트보다 많은 시세 차익을 보기는 어렵다.

현시대는 꼼꼼한 부동산 투자가 꼭 필요하다고 본다.

의학의 발달로 현재 40대는 정년퇴직 후 40년 이상을 직장 없이 살아야 한다. 믿을 수 있는 것은 나 자신밖에 없다. 변화되는 사회 현상 속에 노후 준비를 철저히 해야 한다. 월급만 받아서는 현실이 힘들기 때문이다. 회사에서 일 잘하고 인정받는 사람도 노후에 겨우 집 한 채 남는 게 서민들의 현실이다. 아무리 열심히 살아도 노후 걱정 없이 살 수 없다. 그럼 어떻게 해야 하는가? 재테크를 해야 한다. 직장 다닐 때 부동산 투자 전략으로 자산을 늘려야 한다.

03

돈 되는 부동산만 골라 담아라

돈 되는 부동산만 골라 담아라. 당신이라면 어떤 것을 담을 것인가?

나라면 소형 아파트를 투자 1순위로 담을 것이다. 왜냐하면, 소형 아파트는 누구에게나 인기 있기 때문이다. 경제적 부담이 적은 이유도 있다. 초등학교가 단지 내에 있고, 전철 역세권이라면 돈 되는 물건이라고 봐도 좋다. 경매로 빌라를 낙찰받는 것도 추천한다. 빌라는 매매로 했을 때보다 경매로 싸게 낙찰받아야 수익이 나기 때문이다.

수익형 부동산 오피스텔도 있다. 마지막으로 상가를 담으면 된다. 이 모든 것을 한 번에 담겠다는 생각은 하지 않아도 된다. 처음부터 이 모든 것에 투자할 수 있다면 당신은 바로 경제적인 능력을 갖춘 부동산 전문가이기 때문이다. 아주 많은 것을 한꺼번에 욕심을 낸다면 배탈이 난다. 소형 아파트부터 투자해보길 추천한다.

일하면서 알게 된 B는 경매 고수였다. 시간이 날 때마다 경매에 몰입했다. 오피스텔 감정가 7천만 원짜리를 3천5백만 원에 낙찰받아 2년간 월세를 받다가 경기가 좋아진 걸 확인 후 7천5백만 원에 매매하셨다. B의 모든 투자는 그런 식이었다. 싸게 낙찰받아서 가격이 오를 때까지 기다린 후 매매한다. B의 철학이었다.

나는 궁금했다. 많은 부동산 중 돈 되는 물건은 어떻게 하면 고를까? 아주 단순했다. 싸게 사서 비싸게 팔 수 있는 부동산에 투자하면 된다는 것이다.

또 하나의 궁금증이 생겼다. 그럼 세금은 어떻게 처리할까? B는 "투자는 어렵게 생각하면 할 수가 없다. 경매로 싸게 사서 양도세 50%를 내더라도 몇천만 원 이익이 생긴다."라는 답을 들려주었다.

역시 사업가는 생각하는 것부터 달랐다. 보통 사람들은 세금 내는 게 아깝다고 생각한다. 투자는 어렵고 무섭다고 느낀다. 이 모든 게 생각의 차이에서 생긴다. 생각했으면 즉시 행동하는 행동력 차이가 부자를 만드는 것이었다.

B는 빌라 부지도 많이 거래하셨다. 일반 공인중개사 사무실에서는 시간이 오래 걸리고 단기간에 돈이 안 되기 때문에 그다지 선호하지 않았다. 하지만 B는 빌라나 나홀로 아파트를 지을 수 있는 부지 확보에 열심이었다. 규모가 큰 만큼 한 번 거래에 컨설팅 수수료가 억 단위였다. 아파트 매매 수수료와 비교되지 않는 금액이었다. 부지 확보를 위해 B는 막걸리를 사 들고 집주인을 만나기도 했다. 세상 사는 이야기를 하다 보면 어느덧 매매 계약서에 도장을 받고 있었다. 손님이 부동산 문을 열고 들어오면 부동산을 구매할 사람인지 아닌지 한번에 구별한다는, 부동산의 달인이셨다.

행복부동산 실장님에게 손님을 소개받았다. 40대 여성이었는데, 현재 월세를 살고 있고 가진 돈도 많지 않다고 했다. 아파트를 보여드렸지만 자금 사정 때문에 엄두를 못 내겠다는 것이다. 신축 빌라가 대출이 많이 나온다는 얘기를 듣고 빌라 전문가인 나를 소개해준 것이다. 나는 수천 건의 신축 빌라 물건의 가격을 모두 알고 있었다. 물론 구옥 빌라와 아파트 시세도 알고 있었다.

손님은 삶에 찌든 현실 때문인지 슬퍼 보였다. 잠시 후 조심스럽게 말문을 열었다. "지하 월세로 사는데, 가진 돈은 없고 고등학교에 다니는 아들 보기가 부끄럽고 미안해요." 그는 현재 현금 3천만 원이 전 재산이고 남편과 맞벌이를 하고 있다고 했다. 일단 경제 사정을 듣고 거기에 맞는 빌라를 2군데 보여드렸다. 돈에 맞추니 고등학생 아들과 중학교 다니는 아들이 있는데 가족이 살기에 집이 작았다. 맘에 드는 집은 대출금이 부족해서 어려웠다. 손님은 모든 것을 체념한 채 고개를 떨구고 집으로 돌아갔다.

그날 밤 9시 남짓 되었을 때 낮에 보았던 아파트의 주인이 전화하셨다.

"낮에 왔던 손님, 계약할 것 같아요?"

사실 이만저만해서 마음은 있는데 계약이 어려울 것 같다고 말했다. 아파트 주인은 건물이 여러 채인데 지금 급전이 필요한 상태였다. 어떻게든 매매를 해야만 했다. 나는 3천만 원 깎아주면 바로 계약할 수 있다고 했다. 아파트 사장은 "안 돼! 너무 깎는 거 아니야!" 하셨다. "가격 안 내려주시면 이 손님은 내일 다른 곳에 계약할 예정입니다."라고 아파트 사장님을 밀어붙였다. "사장님, 이번 달만 아파트 5채를 빼드렸습니다. 이번 한 번만 가격 조정해주세요."라고 강하게 멘트를 날렸다. 아니 깎아 달라고 협박했다.

한참 침묵이 오갔다. 잠시 후 아파트 사장은 "내가 졌어요."라며 조건을 내걸었다. 10일 안에 잔금까지 처리해주면 3천만 원 깎아준다는 조건이었다. 밤 10시에 손님에게 전화를 걸어 지금 당장 봐야 할 집이 있으니, 빨리 나오라고 했다. 집 앞으로 나오면 내 차를 타고 가서 보면 된다고 했다. 손님은 무슨 내용인지도 모르고 알았다고 했다. 손님과 함께 낮에 보았던 새 아파트에 방문했고 불을 켜니 전망도 좋고, 겨울인데도 집 안에 온기가 가득했다.

그 집은 방마다 붙박이 옷장이 있고, 거실 겸 주방에는 아일랜드 식탁이 있었다. 에어컨이 안방과 거실에 설치되어 있었다. 종일 어두운 표정이었던 손님의 입가에 미소가 번지는 걸 보았다.

"집주인에게 말씀드렸습니다. 손님, 이 아파트 계약하세요. 이런 집 구하기 힘들어요. 집주인이 3천만 원 싸게 해준다고 합니다. 대출도 법무사기 힘써주어서 대출 모두 진행해준다고 합니다."

손님은 퇴근 중인 남편에게 전화를 걸어 빨리 아파트로 오라고 하셨다. 그리고 부부 다 흡족해하셨다. 지하 빌라에서 살다가 아파트에 살 수 있다는 희망이 생겨서 기뻐하셨다. 무엇보다 가정 환경 때문에 삐뚤어지는 첫째 아들을 좋은 환경에서 키울 수 있다는 게 제일 중요했는지도 모른다. 그 자리에서 계약금을 주인에게 입금하고 계약은 내일 진행하기로 마무리했다. 그다음 날 아파트를 다시 보고 싶다고 해서 보여드렸다.

대낮이라 집안도 환하고 무엇보다도 외풍이 전혀 없는 아파트라서 좋아했다. 난방을 외출로 맞춰놓은 상태인데도 한기가 전혀 없었다. 손님의 입가에 미소가 가득했다. 아이들도 자기 방을 하나씩 확인하면서 너무 좋아했다. 큰 집은 아니지만, 거실이 커서 소파를 놓고 TV를 설치하면 4식구 살기에는 부족함이 없는 최상의 조건이었다. 계약을 마무리했다. 입주 청소 후 바로 이사하기로 했다. 슬픈 표정이 사라지고 그녀는 너무나 행복해했다. 이렇듯 부동산 전문가가 도와주면 3천만 원 싸게 집을 살 수도 있다. 나는 수수료 몇 푼을 벌기 위해서 매매를 도와준 게 아니었다. 손님으로 만난 그녀가 행복하길 원했다. 가격 때문에 매매가 어려운 아파트를 갖게 해준 이유였다.

돈 되는 부동산 첫 번째는 소형 아파트다. 왜냐하면, 소형 아파트는 누구에게나 인기 있다. 우리나라는 1인 가구 증가와 핵가족화로 소형 아파트의 수요가 늘어날 것이 자명하기 때문이다. 경제적 위험 부담도 적다.

두 번째 경매로 빌라를 낙찰받는 것을 추천한다. 빌라는 매매로 했을 때보다 경매로 싸게 낙찰받아야 수익이 난다.

세 번째로 수익형 부동산인 오피스텔이 있다.

네 번째로 상가나 꼬마 빌딩을 담으면 된다.

이 모든 것을 한 번에 담겠다는 생각은 하지 않아도 된다. 하나씩 하나씩 부동산을 늘려가다 보면 어느새 100억 부자가 되어 있을 것이다. 돈

되는 부동산만 골라 담는 투자를 실천하자. 혼자서 어렵다면 전문가의 도움을 받으면 된다. 시간과 돈 그리고 전문가가 함께한다면 당신은 성공한다.

시작이 반이다. 지금 당장 부동산 공부를 시작하자.

04

돈으로 경제적 자유를 찾아라

당신이 돈을 모으는 이유는 무엇인가? 현시대는 돈이면 거의 모든 일을 할 수 있다. 자기 일을 다른 사람에게 돈 주고 시킬 수도 있다. 돈으로 자유를 사는 방식이다. 이 방법은 오래전부터 사용되었다. 대기업도 마찬가지다. 돈으로 사람의 시간을 산다. 이렇듯 돈으로 자유를 찾는 방법은 많다. 종잣돈으로 부동산 투자를 한다. 점점 투자를 늘려나간다. 시간이 지나면 경제적 자유를 얻게 된다. 이것이 돈으로 자유를 얻는 방법이다. 돈을 위해 행복을 희생하지 않는 것이 중요하다. 이것이 진정한 자유로운 삶을 사는 방법이다.

어느 날 한 통의 전화가 걸려왔다. 편의점 자리를 찾는 전화였다.

"예산은 얼마 정도세요?"

"한 5억 정도요."

"손님, 그 정도라면 주택가로 들어가셔야 합니다. 일단 나온 물건 있으니 직접 보시지요."

　잠시 후 부동산 사무실 앞으로 승용차 한 대가 멈췄고 손님이 내렸다. 투자 계획과 금액을 정확히 얘기한 후 물건 브리핑에 들어갔다. 아파트 단지 내 상가, 주택 골목 상가, 신축 빌라 상가 등 물건 하나하나를 설명했다.

　3개의 물건으로 추려서 현장 답사를 하러 갔다. 아파트 상가는 가격이 비싸다고 했다. 현재 잘 운영되는 편의점은 위치가 별로라고 했다. 신축 빌라 상가는 가격과 위치 모두 맘에 들어 했다. 계약하기로 한 며칠 뒤였다. 손님이 사흘을 지켜봤는데 유동 인구가 기대보다 적어서 예상했던 고수익이 어렵겠다며 다른 지역을 알아보신단다. 큰 욕심을 낸다고 되는 일이 아닌데 기대하는 수익률을 너무 높게 잡은 건 아닌지 하는 생각도 들었다.

　로또를 바라는 마음으로 투자 물건을 찾아다니시는 손님들은 솔직히 시간이 아깝다는 생각이 들었다.

　그렇다면 상가 투자는 얼마의 수익률이 나올까?

(월 임대료×12개월)/(매수가격−임대보증금)=상가수익률

예를 들어 10억 원 투자로 1층 상가 보증금 6천만 원에 월 임대료 250만 원이면,

(250×12)/(10억−6천만 원)×100인 것이다. 현실은 3~4%의 수익률이 대부분이다.

소형 상가는 담배 판매권만 있어도 가게 임대료는 나온다. 그리고 나머지 판매 건으로 수익을 올려도 기본 유지는 된다. 소개했던 신축 상가는 초등학교 정문 앞 상가였다. 떡볶이 같은 분식만 팔아도 수익률이 높은 상가였다. 방학 기간에도 학교 앞 골목이 주택가라서 아이들이 항시 붐비는 곳이었다. 모든 부동산 투자는 신중해야 한다. 하지만 정확한 수익률 계산을 미리 해보고 투자하라고 당부의 말씀을 드린다.

누구나 적은 금액으로 고수익을 낼 수 있는 상가를 찾는다. 물론 희망 사항일 뿐이다. 큰 금액이 투입된 상가 투자도 생각보다 고수익 내기가 어렵다.

그 시간에 종잣돈을 더 굴려서 투자금을 올려 꼬마 빌딩을 사야 한다. 적은 금액으로 투자 시에도 투자 수익률 기준이 필요한데 초보 투자자들은 정확한 기준이 없다. '상가는 5% 수익률 이상이면 투자한다'는 기준이

필요한데 막연하게 좋은 상가를 찾아다니면 부동산에서도 없다고 딱 잘라서 말한다. 친절한 부동산도 이런 손님은 찾아와도 반겨주지 않는다.

"물건 없어요!"라는 답변만 듣게 될 것이다.

내가 직장을 다닐 때 일이었다. 계약금만 있으면, 최소 5천만 원은 벌수 있다는 말만 믿고 경기도 김포에 아파트 청약을 했다. 살던 빌라를 월세 주고, 대출받은 돈과 월세 보증금 3천만 원을 함께 계약금 및 확장 인테리어비로 입금했다. 입주 때가 되면 남들과 차별화된 실내장식과 확장으로 한 채당 5천만 원이라는 시세 차익을 노릴 수 있다고 장담하는 말을 믿었다.

그리고 2년이 지났다. 아파트 옥상이 마무리될 때쯤 2008년 서브프라임 모지기론 사태가 터졌다. 당시 아파트 분양가 5억 4천이었다. 본전은 커녕 자고 일어나면 분양가에서 1천만 원씩 내려갔고 2억을 내려도 매매가 안 되었다. 부동산 막차를 탄 거였다. 하늘이 무너지는 듯했다. 결국 시공사에서 나를 고소했고, 10년 넘게 다닌 직장에 월급 압류가 들어왔다. 이자를 내며 2년을 버텼으나 끝내 나는 손을 들었다. 아파트 이자와 합의금, 대출받은 돈, 변호사비 합쳐서 2억에 가까운 돈을 날리게 되었다. 순진했던 나를 반성하고 이후 부동산 공부의 필요성을 뼈저리게 느꼈다.

이 돈을 갚기 위해 처가살이를 했다. 회사도 옮겼다. 회사가 탄탄한 게 중요한 게 아니고 빚을 갚는 게 중요했다. 최상의 조건을 제시하는 회사를 찾았다. 월급 많이 주고 법인 카드와 차량 지원되는 회사로 옮겼다. 많이 받는 만큼 일을 해야 했다. 부천에서 분당까지 출근에 현장 근무까지, 하루 출퇴근거리만 140km였다. 새벽에 나가면 밤늦게 귀가했다. 심지어 새벽에 나가 새벽에 들어오는 날도 많았다. 우리 부부는 죽기 살기로 절약했다. 5년 동안 빚을 다 갚고 1억 3천이라는 종잣돈을 모을 수 있었다. 몇 년간 휴일도 없이 일해서인지 체력은 바닥이었고 죽기 직전이었다. 나는 회사의 기술직 이사라서 현장 감독을 해야 하니 야근을 밥 먹듯 하고 휴식도 없었다. 하지만 쉴 수가 없었다. 내가 출근하지 않으면 업무가 마비되었기 때문이었다.

지금도 생각하면 헛웃음만 나온다. 무슨 생각이었을까? 말 그대로 일확천금을 노렸던 것이다. 로또 당첨되길 원했던 것 같다. 노력 없이 어설픈 정보만으로 5천만 원을 벌겠다는 내 생각이 부끄러웠다. 기회라고 생각해서 잡았는데 지식과 정보력이 많이 부족했다.

지금은 허황된 투자는 하지 않는다. 정확한 시세 파악과 실패해도 손실이 없는 물건을 상대한다. 지금처럼 돈 주고라도 배울 수 있는 곳이 있었다면, 돈 주고 배울 생각이 있었다면 이런 실패는 없었을 것이라는 생각이 들었다. 다행히 아내가 이해하고 따라주어서 짠돌이 짠순이로 허리띠를 졸라매고 조그만 돈이 생기면 대출금을 갚았다. 갚고 또 갚았다. 다

갚은 날 눈물이 나고 긴장이 풀려서인지 온몸이 아프기 시작했다.

나와 똑같은 아파트를 10채나 계약한 여자분이 있었다. 우연히 부동산에서 만났고 커피를 같이 마셨다. 그분은 IMF 때 부동산 투자로 재벌이 되신 분이었다. 그때 모은 재산 중 내가 아는 것만 100억이 넘었다. 그분은 나와 달랐다. 나는 그분에게 어떻게 하실 건지 물었다. 목동에 아파트 하나 팔면 된다며 언젠가 오를 테니 걱정 안 한다는 것이었다. 역시 부자들은 생각부터가 달랐다. 아주 긍정적인 생각만 하고 자신이 원하는 생각만 했다. 똑같은 사람인데 어떻게 저렇게 태연할 수가 있을까 하는 생각이 들었다.

돈으로 자유를 찾으라는 말의 해답을 그녀를 통해 알게 되었다. 그녀가 부자가 되어 경제적 자유를 얻게 된 이유를 말이다. 그녀는 자기가 원하는 것만 생각했다. 아무리 경제적으로 힘들어도 불평이나 원망을 하지 않았다. 다른 것은 생각하지 않았다. 그녀는 끌어당김의 법칙을 몰랐다. 하지만 실생활에 적용해서 돈을 끌어당기고 있던 것이었다. 긍정적인 말버릇과 의식 확장이 그녀의 생활 습관이었다. 긍정적인 생각이 부를 이루게 해주었다. 나는 그녀를 통해 끌어당김의 법칙으로 돈을 모으는 방법, 그 돈으로 시간적 자유를 얻는다는 진리를 깨달았다. 돈으로 자유를 찾는 방법은 어렵지 않다. 내 생각을 긍정으로 바꿔나가면 된다. 당신도

할 수 있다. 종잣돈으로 부동산 투자를 하고 점점 투자를 늘려나간다. 시간이 지나면 경제적 자유를 얻게 된다. 이것이 돈으로 자유를 얻는 방법이다. 돈을 위해 행복을 희생하지 않는 것이 중요하다. 이것이 진정으로 자유로운 삶을 사는 방법이다. 전문가에게 많은 돈을 주고라도 배워서 실패를 줄이고 미래를 준비하는 게 현명한 투자라고 생각한다.

나는 현재 네이버 카페 〈한국부동산투자협회〉를 운영 중이다. https://cafe.naver.com/reiclub 도움이 필요하다면 가입해서 도움을 요청하면 된다.

05

부동산 곳곳에는 함정이 도사린다

세계적인 투자가 조지 소로스는 2019년 9월 기준 한화로 약 8조 5,000억 원의 재산을 보유 중이라고 한다. 조지 소로스는 말했다.

"내가 부자인 이유는 내가 틀렸을 때를 알고 있기 때문이다. 나는 기본적으로 실수를 인식함으로써 살아남았다."

전문 투자가도 결정을 잘못해서 손해를 본다. 하물며 우리는 어떠한가? 힘들게 아끼며 모은 전 재산을 투자한다. 부동산 곳곳에 있는 함정을 피할 방법은 무엇인가? 부동산의 함정을 미리 알고 투자하는 지혜를 배우는 것이다. 이것이 유일한 방법이다.

부동산 곳곳에는 함정이 있다. 부동산 함정을 어떻게 피해갈 수 있을까? 함정의 종류부터 알아야 한다.

첫 번째는 세금 관련 함정이다.

조정대상지역 해제와 관련된 부동산 '양도소득세' 비과세 함정이다. 지난 8.2 부동산 정책으로 비과세 내용이 바뀌었다. 조정대상지역 내 1가구 1주택 비과세 혜택을 누리려면 2년 이상 보유와 거주를 해야 한다.

나몰라 씨는 개인 사정으로 전세를 주고 이사를 했다. 조정지역 해제 발표를 들은 나몰라 씨는 2년 거주 요건을 채우지 않아도 된다고 생각하고 주택을 매매했다. 부동산 사장님께 이 사실을 자랑했다. 공인중개사인 부동산 사장이 조정대상지역 지정 후에 주택을 취득했다면 비과세가 아니라 세금이 나올 수 있다고 했다. 나몰라 씨는 고스란히 손해를 보았다. 소득세법 시행령 제154조에 기재되어 있는 대로 양도일이 아닌 취득 당시를 기준으로 판단한다는 것이었다. 부동산 세법이 어렵다면 전문가에게 도움을 요청하자.

두 번째는 급매물의 함정이다.

급매물로 나온 물건에도 함정이 있다. 권리 관계가 복잡하거나 문제가 있는 물건은 피해야 한다. 주변에 장례식장이나 쓰레기장 등 혐오 시설이나 고압선 등 위험 시설이 있는지 살펴야 한다. 군사시설 보호구역이나 상수원 보호구역 등 행정 제한에 묶여 개발 제한이 있는지도 확인해야 한다. 발품을 팔지 않으면 알 수 없는 경우도 많다. 내 자산을 투자하는 데 시간과 노력 없이는 돈 벌기 어렵다. 세상에 공짜는 없다.

세 번째는 전세의 함정이다.

전세금을 돌려받지 못하는 함정이 있다. 여러 가구가 함께 사는 다가구 주택의 경우다. 전세를 얻을 때는 근저당과 최우선 변제금액도 알아야 한다. 최악의 경우에는 경매로 진행될 수 있기 때문이다. 등기부등본을 꼭 확인하자. 집주인이 대출받은 것이 많을 때는 전세금을 돌려받지 못할 수도 있다. 중개 수수료 아끼지 말고 꼭 공인중개사 사무실에서 계약하자.

네 번째는 상가의 함정이다.

상가는 공실이 최고의 적이다. 내가 부천역 앞 상가 분양을 할 때였다. 바로 옆 상가는 권리금이 무려 1억 원이었다. 부천역 앞은 유동 인구가 전국 최대 규모로 활성화된 상가였다. 하지만 불과 10m 떨어진 해당 상가는 공실이 90% 이상이었다. 도무지 이해할 수가 없었다. 하지만 며칠 후 바로 알게 되었다. 유동 인구는 많지만 내가 분양하는 상가까지 사람들이 오지 않는다는 것이었다. 며칠 동안 부천역 커피숍에 앉아 유동인구 경로를 확인했다. 사람들의 90%가 상가에 오기 전 삼거리에서 다른 방향으로 가는 것이었다. 부동산 전문가도 현장에 와서 확인하지 않으면 알 수 없었을 것이다. 상가를 살 때는 해당 물건지 앞까지 유동 인구를 눈으로 확인해야 한다. 누구의 말도 들을 필요 없다. 커피숍에서 사람들이 왕래하는 이동 경로를 확인하자. 이 상가는 3년이 넘도록 80%가 공실이었다. 투자 수익을 위해 매매했던 사람들은 매달 몇십에서 몇백만 원의 이자를 부담했다. 분양 가격보다 싸게 매매해달라고 다시 내놓는 예도 많았다. 수억 수십억 원의 돈을 투자하는 데 신중하게 결정하고 정확한 현장 검증이 필요한 것은 당연하다. 누구도 당신의 결정을 책임져주지 않는다.

다섯 번째는 경매의 함정이다.

경매는 부동산의 꽃이라고 한다. 경매는 수익이 높고 누구나 할 수 있다. 하지만 초보자는 정신적이나 경제적으로 손해를 보는 경우도 많다. 초보자는 무조건 전문가의 도움을 받자. 경매학원도 많고, 온라인 수업도 있다. 먼저 권리 분석이 쉬운 소액 경매로 실력을 키우는 것도 함정을 피하는 방법이다.

여섯 번째는 임대 사업의 함정이다.

임대 사업에 성공했다는 책을 보거나 강의를 듣고 희망에 부풀어 무모하게 도전하지 말자. 나중에 정신적으로 경제적으로 손해를 볼 수 있다.

나의 수준에 맞는 투자부터 한 걸음 한 걸음 나아가자. 걷지도 못하면서 뛰려고 하면 분명히 넘어진다.

일곱 번째는 역세권의 함정이다.

전철역이 가깝다고 다 좋은 것은 아니다. 내가 전철역 옆 아파트를 분양할 때였다. 한여름에 창문을 열 수가 없었다. 몇 분마다 지나가는 전철 소음으로 짜증이 날 정도였다. 아파트는 분양이 끝날 때까지 오랜 시일이 걸렸다. 낮에도 가보고 밤에도 가보자. 현장 확인은 주변 환경이 중요하다. 전철역 한 블록 떨어진 곳으로 현명한 투자를 하자.

여덟 번째는 전문가 조언의 함정이다.

부동산 전문가의 조언을 듣되 모든 것은 내가 결정하고 책임지는 자세가 필요하다. 전체적인 부분에서는 전문가 말이 맞지만, 실제 상황에서는 다른 결과가 나타날 때가 많기 때문이다.

아홉 번째는 투자자들이 빠지기 쉬운 정보의 함정이다.

언론에 호재가 발표되면 뒤늦게 결정하고 매매한다. 어설픈 정보력과 노하우로 내가 사면 무조건 오를 것이라는 착각을 한다. '여기는 역세권이다, 전철역과 가깝다, 환경이 좋다.' 몇 년이나 몇십 년이 흐르면 부동산 가격이 오른다는 말도 맞다. 하지만 시간이 돈이다. 상투까지 오른 시점에서 매매한다면 가격이 많이 오르기는 힘들다.

부동산 수수료를 아끼기 위해 직거래를 하는 경우이다. 직거래가 쌀 것 같지만, 실상은 전혀 그렇지 않다. 시장 가격보다 비싼 경우가 더 많다. 욕심 많은 사람의 심리를 이용해서 사기를 치는 경우가 많은 것이다. 사기에 당하지 않으려면 욕심을 내려놓아야 한다.

대한민국은 땅이 부족하다. 땅을 권유하는 법인 업체도 조심해야 한다. 이 세상에 아무런 노력 없이 돈을 벌 방법은 없다. 모든 것에는 합당한 노력과 대가가 있어야 한다. 그들은 대박이 난다는 정보로 땅을 사라고 권유한다. '나는 똑똑하니까 안 당할 거야.' 이런 생각을 한다면 오산이다. 사기에 당하는 사람은 어리석고 모자란 사람이 아니다. 대학교수나 의사 같은 사람들도 단골손님이다. 산꼭대기 땅을 몇 억 원에 사기도 한다. 기획 부동산에 당하지 않는 방법이 있다. 아무리 대박이라도 성급하게 계약하지 않고 지번을 물어본다. 해당 토지의 번지수를 알려주지 않는다면 100% 사기다. 알려줄 테니 사무실로 나와 현장에 같이 가자고 할 수도 있다. 기획 부동산은 최고의 언변술을 사용하는데, 이들 말에 넘어가 계약서에 사인하게 될 것이다. 만일 지번을 알려준다면 등기부등본, 토지이용계획확인서, 지적도(임야도), 공적 장부, 소유권 등의 권리 분석과 투자 가치 여부도 판단한다. 토지대장으로 토지 지목과 면적을 확인한다. 지적도로 토지의 위치와 맹지 여부를 확인한다. 등기부등본을 통해 소유관계 및 거래가격을 확인한다. 토지이용계획 확인서로 용도지역이나 토지에 대한 건축 규제 사항과 인근 도시계획 사항을 확인할 수 있다. 토지가격 확인원으로 공시지가를 알 수 있다. 토지를 사서 땅 재벌이 된 사람들이 많다. 하지만 땅 부자가 되려면 기본적인 서류를 본인이 직접 확인할 줄 알아야 한다. 이런 확인이 어렵다면 인근 부동산 중개사무소에 의뢰해서 권리 및 가치 분석에 대한 도움을 받는 것이 현명한 방법이다.

인터넷으로 확인 가능한 사이트는 다음과 같다.

- 등기부등본 확인 : 대법원 인터넷등기소 www.iros.go.kr
- 토지이용계획 및 행위제한 확인 : 토지이용규제정보서비스 luris.molit.go.kr
- 일사 편리 서울 부동산정보조회 시스템 http://kras.seoul.go.kr/land_info

  (오른쪽 끝에 모든 지역 선택 가능), (개별공시지가 개별주택가격 토지 이용 계획 민원발급)

  (토지이용계획, 토지대장, 건축물대장, 개별공시지가, 개별주택가격)

- 농지가격 및 매물조회 확인 : 농지은행 https://www.fbo.or.kr/index.do
- 전국지도 확인 : 국토지리정보원 www.ngii.go.kr
- 산지 정보시스템 : 산림청 www.forest.go.kr

핸드폰 어플 : 카카오맵을 설치하자. 현장 답사 시 위치를 정확하게 볼 수 있다. 지적도를 볼 수도 있다. 분할이나 개별등기를 해주는 땅을 살 때는 많은 주의를 해야 한다. 웬만하면 사지 말자. 행정기관에 등록된 공인중개사 사무소의 대표와 계약서를 작성하고 부동산 중개대상물과 확인 · 설명서를 받고 거래하는 것이 제일 안전하다. 수억 원이 오가는 부동산 거래는 신중하게 해야 한다. 경기 흐름과 부동산 시장, 입지 여건, 물건의 장단점, 국내 경제 그리고 세계 경제도 알아야 한다. 미국에서 기침하면 우리나라는 몸살감기로 쓰러진다는 점을 알고 투자하는 지혜를 갖추자. 부동산 투자의 함정은 정확하지 않은 정보로 내가 모두 안다고 생각할 때 생긴다. '선무당이 사람 잡는다'는 옛 속담이 있다. 적은 지식이 있을 때 조심해야 부동산 위험을 피할 수 있다.

06 부동산 투자 의사 결정을 위한 핵심 키워드

부동산 투자하는 모든 사람의 관심사는 지금 사면 '집값이 오를까?'다. 오르기만 한다면 대출을 불사하고 투자할 것이다. 반대라면 팔아서라도 당장의 손해를 줄이려고 할 것이다. 이렇듯 부동산 가격의 전망은 매우 중요하다.

집값 하락의 대표적 근거로 인구 감소를 든다. 이미 저출산과 고령화는 한창 진행 중이다. 현재 태어나는 아이들은 평균수명이 120세라고 한다. 보험사들의 보험 상품들도 100세를 기본 보장하고 있다. 저출산으로 인구는 줄어드는데 경제 활동이 어려운 고령 인구가 늘고 있다. 인구가 줄어들면 주택 수요도 줄어들 것이다. 이런 사회 전반적인 현상을 투자할 때 참조해야 한다.

몇 년 전 겨울이었다. 세입자에게 전화가 왔다.

"아저씨, 저희 이사 갈래요."
"왜 집이 불편하세요?"
"아니요. 집이 너무 추워서 동생들이랑 아파트로 이사 가려고요."

이사 날짜를 물어보고 전화를 끊었다. 순간 난감했다. 지금은 한겨울이라서 빌라 전문가인 나도 감당하기 조금 벅찬 시기였다. '세입자 맞추기도 어려운 비수기인데 어쩌나?' 고민에 휩쌓였다. 일단 보증금을 돌려주기 위해 담보 대출부터 여기저기 알아보았다. 제일 먼저 1금융권에서 최대한 받을 수 있어 은행에 방문해서 대출 신청을 했다.

해당일에 전세 세입자에게 돈을 돌려주고 빈집에 들어갔다. 내 생애 첫 번째 집이었는데 지금은 나를 힘들게 한다는 생각이 들었다. 처음 집을 계약하고는 얼마나 행복했는지 모른다. 기뻤던 회상도 잠시였다. 5층 빌라 계단이 왜 이렇게 힘들게 느껴지는지 엘리베이터 생활에 젖어 계단이 힘겹게만 느껴졌다. 집안에 들어서니 세입자가 개를 키워 개털이 사방에 날렸다. 작은방에 들어서니 곰팡이 특유의 냄새가 났다. 벽지를 잡아 뜯으니 벽지 안에 곰팡이가 가득했다. 안방의 옷장을 치운 자리에도 곰팡이가 한쪽 벽면을 가득 채우고 있었다.

| 월급쟁이를 위한 부동산 투자 스쿨

우리 가족이 살 때는 환기도 자주 하고 조금만 곰팡이 기미가 보여도 관리했기에 심하지 않았는데, 미혼의 젊은 세입자들은 춥다고 꼭꼭 닫은 채로 곰팡이를 방치해 키운 것이었다.

이대로는 매물로 내놓을 수 없었다. 한동안 난감한 마음에 멍해 있다가 일단 생각을 멈추고 결로 및 곰팡이 시공업체에 전화했다. 시공 비용이 5백만 원에서 수천만 원까지 천차만별이었다. 그때는 아무 생각 없었다. 그냥 내가 해야겠다는 생각이 들었다.

인터넷을 검색해서 공사 방법을 여러 개 찾았다. 그중에 내가 할 수 있을 만한 공법을 결정했다. 곰팡이 제거제와 단열 시트를 인터넷에서 30만 원에 구매했다. 직장 일이 끝나면 저녁을 먹고 물건을 챙겨서 빌라에 가 벽지를 뜯었다. 30평형 빌라라서 혼자 하기에는 힘겨웠다. 그래도 내 노동력만 들어가면 30만 원에 끝낼 수 있다는 생각에 힘을 냈다. 이틀은 벽지를 뜯고 하루는 온풍기로 젖은 벽면을 말렸다. 추운 겨울이라서 외부 벽은 잘 마르지 않았다. 그리고 이틀은 온 벽면에 곰팡이 제거제를 뿌렸다. 엄청나게 독했다. 추워서 창문을 열 수 없었다. 숨이 턱턱 막혀 몇 번이나 작업을 중단했다. 당장 가서 산업용 1급 방진 방독 분진 마스크와 일회용 작업복을 같이 구매했다. 다시 정신을 차리고 곰팡이제거제와 결로 방지제를 뿌렸다. 창밖은 한겨울 영하의 날씨인데도 나는 땀으로 샤워를 했다. 그리고 마지막으로 결로 방지용 단열재시공 접착제를 발라서 벽면에 붙였다. 지금은 하라고 해도 못 할 것 같다. 지금 생각하면 대단했다는 생각이 든다. 이 글을 읽는 분들은 절대로 하지 마시길 당부한다. 인생에서 시간이 제일 중요하다. 낡은 빌라나 아파트를 낙찰받더라도 멘토나 부동산에 공사업체를 물어보고 처리하는 게 좋다. 이런 경험은 나 하나로 충분하다고 생각한다.

이렇게 공사를 혼자 처리하는 데 2주가 걸렸다. 며칠간 시세대로 매물로 내놓았으나 문의만 있고 거래가 이뤄지지 않았다. 급한 마음에 급매 가격으로 확 낮추고 여기저기 광고를 했다. 광고한 지 일주일 되는 일요일 아침 진귀한 현상이 일어났다. 아침부터 내 핸드폰이 울리기 시작했다. 여기저기서 서로 사겠다는 전화가 왔다. 그 집 내가 사겠다는 전화였다. 나는 집을 사고 싶어 하는 사람들을 줄 세워놓고 1팀씩 올라오라며 빌라 현관을 열어주었다. 첫 번째 팀은 5명이었다. 집에 들어오자마자 말이 많았다.

"비싼 것 같네, 5층이라서 춥겠네!"

나는 한마디했다.

"아저씨, 안 팔아요. 나가세요."

황당하다면서 첫 번째 팀이 나갔고 다음 팀이 방문했다. 젊은 부부였다. 들어오자마자 내가 한마디 했다.

"이 집 시세보다 2천만 원 싸게 파는 거 알고 오셨으면, 그냥 살 건지만 말하세요. 저 상당히 바쁜 사람입니다."

젊은 부부가 안방 쪽으로 구경하다가 결정을 했는지 "저희가 살게요." 하는 것이었다. 나는 이야기했다. "좋습니다. 제가 집을 싸게 파는 이유는 2천만 원으로 리모델링해서 들어오라는 좋은 의미니, 나중에 하자가 있다 없다 이의제기하지 마세요." 그리고 매매 계약서를 작성했다. 이럴거면 힘들게 공사하지 말고 팔 걸 하는 생각이 들었다. 이렇게 정들었던 첫 번째 집을 매도하게 되었다. 집을 팔면서 이렇듯 갑의 위치에서 팔아본 적이 없었다.

이익은커녕 천만 원 넘게 손해 본 첫 번째 부동산 투자는 이렇게 마무리되었다. 아쉬움이 많지만, 많은 경험을 했으므로 후련하기도 했다.

과거 그래프를 보여주며 경제 원리 강조하는 전문가들이 많이 있다. 그들은 어려운 경제 용어를 사용해서 대단하게 보인다. 하지만 시장의 기본 원리는 단순하다. 매매의 기본 원리, 사람들이 줄을 서서 사는 이유는 단 한 가지다. 시세보다 싸다, 그것도 많이 싸다. 해당 물건의 지급하는 가격보다 가치가 있다면, 그러면 무조건 팔린다. 경제 원리에 대한 책을 읽어보면 어려운 말들이 많이 쓰여 있지만, 수요와 공급이 맞아야 하고, 제일 중요한 것은 물건에 대한 가치를 평가한 '가격'이다.

경매도 마찬가지다. 무조건 싸게 사야 한다. 빌라나 아파트도 시중 매매가보다 2~5천만 원 정도는 싸야 수리도 하고 급매로 내놓을 수 있다. 요즘 법원에 가보면 90~100%에 낙찰받는 분들이 많다. 하지만 아무 생각 없이 투자하면 나중에 팔리기도 어렵고 이자만 내는 상황이 발생할 수 있다. 그래서 꼭 현장 방문을 해야 하고, 부동산 10군데 이상 발품을 팔아야 좋은 물건을 얻는 행운을 거머쥘 수 있다. 권리관계 문제없고 가격만 싸게 낙찰받을 수 있다면 무조건 이기는 투자를 할 수 있다.

부동산 투자 시 의사결정 핵심을 알아야 한다. 제일 중요한 것은 투자의 심리를 알아야 한다. 실거주 위주의 빌라와 아파트는 소폭 상승이 이어질 뿐 폭등하지 않는다. 내가 사는 아파트는 대부분 사람이 실거주를 목적으로 사는 곳이다. 초등학교가 가깝고 교통이 불편하지 않아 아이들을 키우고 교육하기 좋은 곳이다. 매매가 대비 전세율도 높게 형성돼 있다. 이런 아파트는 가격이 폭락하거나 폭등하지 않는다. 서서히 가격이 상승한다.

부동산은 지역마다 개별적으로 오르고 내린다. 풍선 효과가 발생하는 지역은 특히 조심해서 투자해야 한다. 부동산 정책으로 단기 투자 수요가 몰리는 경우가 있다. 상품, 입지, 가격을 따져 신중하게 아파트를 선택해야 한다. 통계만으로 시장을 분석하면 실패할 수 있다. 일부 전문가들이 통계를 근거로 부동산이 폭락한다고 주장했다. 2018, 2019년도 부동산 폭락은 오지 않았다. 전문가의 말이라고 100% 맞는 말은 없다. 그래서 부동산 공부를 틈나는 대로 해야 한다. 모든 결정의 책임은 나에게 있기 때문이다.

최근 몇 년간 대부분 투자자는 신규 아파트로 몰렸다. 로또 분양이라면서 말이다. 신규 아파트 공급은 한정되어 있다. 매수와 매도 타이밍을 쉽게 생각하라. 교통, 교육, 상권, 환경 등 개발 호재와 추가 발전 가능성으로 인구 유입을 확인한다. 환경 요인을 확인하면 결정하는 데 도움이 된다. 현재 부동산 정책은 '무주택자는 내 집 마련을 하라'는 신호다. 투자자들의 발목을 잡는 동안 내 집 마련을 하라는 것이다. 다주택자나 법인 투자는 이제 그만하라는 정책을 발표했다. 이런 내용을 알아야 투자 실패가 없다.

청년들은 취업도 어렵고 내 집 마련도 쉽지 않다. 'N포세대'라는 말이 있다. 2015년 취업 시장 신조어로, 어려운 사회적 상황으로 인해 취업이나 결혼 등 여러 가지를 포기해야 하는 세대를 뜻하는 말이다. 네이버 지식백과에서는 이렇게 설명한다.

"사회, 경제적 압박으로 인해 연애, 결혼, 주택 구입 등 많은 것을 포기한 세대를 지칭하는 용어로 포기한 게 너무 많아 셀 수도 없다는 뜻을 가지고 있다. 기존 3포 세대(연애, 결혼, 출산 포기), 5포 세대(3포 세대+내 집 마련, 인간관계), 7포 세대(5포 세대+꿈, 희망)에서 더 나아가 포기해야 할 특정 숫자가 정해지지 않고 여러 가지를 포기해야 하는 세대라는 뜻에서 나온 말이다."

이전과 달리 요즘 세대에서는 '내 집'이라는 소유 의식이 약화되고 있다. 수입은 한정돼 있고 집을 사자니, 삶의 즐거움을 포기해야 한다. 미혼인 젊은 세대를 중심으로 소유보다는 전세를 선호하는 이유이다. 삶을 즐기거나 생활을 풍족하게 유지하려면 생활의 모든 서비스도 대여 형식으로 받아들인다. 1인 가구 증가로 혼자 마시는 술, 혼자 밥 먹기 등의 키워드가 나오듯 주택 시장에서도 비싸고 큰 집이 필요하지 않다.

부동산 전문가들의 말을 모아봤다. 잘 보고 생각해보자. 부동산 시장은 인구도 줄고 1인 가구가 늘어난다. 그렇다면 어떤 부동산에 투자를 해봐야 할까? 공급 물량이 많으면 역전세가 늘어난다. 반만 맞는 얘기다. GTX가 들어오면 집값이 상승한다. 무조건 오르는 것은 아니다. 현장을 확인해야 한다. 전 세계가 금리 인하로 실물자산인 부동산이 오른다. 금리 인하가 계속된다면 부동산이 오른다. 많은 돈이 갈 곳이 없다. 돈의 가치 방어를 하는 것이 부동산이다. 경제가 상승하고 돈의 가치가 떨어지는 인플레이션으로 간다면 부동산(실물자산)에 투자해야 한다. 전 세계의 주택 시장도 도시 중심이다. 재개발이나 재건축이라는 호재와 사는 곳에 교통망과 많은 일자리가 생기는 중심에 들어가서 투자해야 한다.

새롭게 호재가 생길 곳에 들어가야 한다. 아파트 단지 옆에 대기업이 들어온다면 가격이 올라간다. 개발에 시간이 많이 필요한 곳은 투자하면 안 된다? 부동산 투자는 개발이 완료될 때까지 기다려 투자하는 게 아니다. 계획이 발표되면 가격이 오른다. 그럴 때 매매할 것인가를 판단해야 한다. 이것이 진정한 투자다.

한강 조망권, 녹지 조망권이 투자가치가 더 커진다. 국민소득이 일정 수준을 넘어서면 녹지 조망권이 커진다. 항상 소수가 움직일 때 투자해야 한다.

부동산 투자 의사 결정을 위한 핵심 키워드를 다시 한 번 정리했다.

1. 실거주 위주의 시장은 안정적이다. 인플레이션 전후 수준으로 상승이 거의 없다. 특별한 호재가 없는데 급등하는 시장은 투자 세력이 들어온 것이다. 시중에 많은 돈이 갈 곳을 잃고 헤매고 있다. 그래서 변수가 생길 수 있다.

2. 대한민국 부동산은 지역마다 개별적으로 오르고 내린다. 통계만으

로 시장을 분석하면 실패할 수 있다.

3. 신규 아파트로 사람이 몰린다. 신규 아파트 공급은 한정되어 있다.

4. 수요층 파악을 해야 한다. 실수요자와 투자자가 결합한 시장이어서 분양권 가격이 계속해서 상승한다. 아파트 분양권 매수를 결정하라.

5. 매수와 매도 타이밍을 쉽게 생각하라. 교통, 교육, 상권, 환경 등 개발 호재와 추가 발전 가능성으로 인구 유입 가능성을 따져보자.

6. 부동산 정책을 살펴봐야 한다. 현재 부동산 정책은 내 집 마련을 하라는 신호다. 투자자들의 발목을 잡는 동안 내 집 마련을 하라는 것이다. 투자하는 사람은 현찰로 구매하고, 실거주자는 구매가 어렵게 되었다.

정부가 12·16부동산 대책의 풍선 효과로 가격이 급등한 수도권 지역을 조정대상지역으로 추가 지정했다. 조정대상지역에 적용되는 각종 규제를 더욱 강화했다. 12·16대책이 나온 지 2개월 만이다.

국토교통부는 2월 20일 경기 수원시 권선·영통·장안구와 의왕시, 안양시 만안구를 조정대상지역으로 추가 지정한다고 밝혔다. 또 3월 2일부터 전국 조정대상지역 44곳에 적용되는 주택담보인정비율(LTV)을 9억 원 이하에 대해서는 50%, 9억 원 초과분에는 30%로 강화했다.

조정대상지역에서도 지역에 따라 서로 다르게 적용되던 분양권 전매 제한 기간을 소유권 이전 등기까지 허용하지 않는 것으로 강화해 사실상 전매를 금지했다. 이전에는 투기지역, 투기과열지구에서만 주택임대업, 주택매매업 이외의 사업자가 주택 구매를 목적으로 주택담보대출을 받는 것을 막았지만, 이제는 조정대상지역에서도 불가능해진다.

이번 대책은 12·16대책으로 발생한 풍선 효과를 다시 규제로 차단하려는 것이다. 근본적인 주택 정책 변화 없이 규제만 반복하면 다른 지역으로 풍선 효과가 번질 수밖에 없을 것이다.

화폐 가치가 떨어지고 은행 금리가 저금리인 상황이 유지되면 아파트의 가격이 오를 것으로 전망한다. 저금리 대출이 부동산 매입 부담을 줄여준다. 투자나 투기가 많아지고 집값 상승으로 이어진다. 지금 시장에서 부동산은 사두면 오른다. 투기 심리는 누구에게나 있기 때문이다. 부동산 가격 상승과 하락의 주요 근거를 들어보았다. 이것도 모르고 투자하면 절대 안 된다. 최소한 알고 투자해야 성공할 수 있다. 나의 선택이 미래를 결정한다. 내가 감당할 수 있는 범위 내에서 투자하는 것이 최선이라고 생각한다.

남들이 모르는 기회를 잡기 위해서는 꾸준한 부동산 공부가 필요하다.

07 | 부동산 가격 분석과 매매의 법칙

부동산의 가격 분석과 매매의 법칙은 어떻게 알 수 있을까? 부동산 시장에서 수요와 공급이 균형을 이루어 가격이 결정된다고 말한다. 정부의 부동산 정책에 따른 시장의 변화와 그에 따른 가격 변화도 있다고 전문가들은 말한다. 하지만 조금 더 정확한 가격 분석 방법은 없을까? 물론 있다. 아파트 부동산 사무실은 전세가를 알면 매매 가격이 나온다.

부동산에는 빌라, 연립, 오피스텔, 단독주택, 다세대 아파트, 상가, 꼬마 빌딩, 대형 빌딩이 있다. 모든 부동산 가격 분석 중 제일 정확한 방법은 부동산 사무실 가서 해당 물건의 급매 가격을 알아보는 것이다. 모든 것은 현장에 있다. 이것이 기본이자 모든 것이다. 이렇게 부동산의 가격 분석과 매매의 법칙을 알고 투자해야 한다.

15년 넘게 월급쟁이로 생활하다가 직장을 그만두고 부동산에 취직했다. 아내는 울고불고 난리가 났다. 당시 나는 2억 가까운 돈을 갚느라고 지쳐 있었다. 그리고 부동산에 복수하고 싶었다. 남들도 부동산 투자해서 돈 벌었다는데 내가 못 할 이유는 찾을 수 없었다. 이런 자신감은 어디서 생겼는지 모르겠다. 부동산 사무실에서의 일과는 이러했다. 종일 차를 끌고 다니며 빌라와 아파트를 답사하고 가격을 메모했다. 시세 변동사항을 매일 체크하며 바쁘게 살았다. 많이 벌 때는 한 달에 4천만 원을 넘을 때도 있었다. 손님에게 최적의 물건을 컨설팅해서 파는 일이었다. 주로 경기도 일대와 서울이 활동 지역이었다. 집과 손님을 연결하고 대출을 연결해주었다. 일반 부동산에서는 집을 살 수 없는 사람도 내게 오면 최적의 집을 골라주었다. 물론 대출을 감당할 수 있는 수준의 월급쟁이일 경우에만 해드렸다.

사업이 망해서 찾아왔다는 손님에게 1.5룸 빌라를 소개해준 기억이 남는다. 이들 부부는 아이가 없어 둘이 살았다. 해당 물건지 부동산에 가서 전화했다.

"사장님, 방 좋은 거 나왔습니다. 지금 바로 오세요."

물건도 보지 않고 전화로 손님을 오라 했다. 물건을 보지 않은 이유는 이랬다. 신축 빌라였고 1.5룸 크기를 보니 방의 구조가 머릿속에 떠올랐다. 볼 것도 없었다. 신축이니 특별한 하자는 없을 테고, 있어도 하자 보수금이 있기 때문에 오래된 집 팔 때와는 다르게 마음이 편했다. 이런 이유로 물건은 보지도 않고 커피만 마시니 물건지 부동산 사장님이 위아래로 째려보신다. 기분 나쁘다는 표정이었다. 난 신경 쓰지 않고 변명도 하지 않았다. 그사이 손님은 도착했다. 빌라를 보고 아무 말 없이 계약서에 도장을 찍었다. 물건지 부동산 사장님은 어이없다는 표정이었다. 하지만 부동산 사장님은 그 당시 나의 일부분만을 보았기 때문이다. 나는 손님과 몇 날 며칠 집을 보러 다녔고 그분의 신용, 대출 한도, 현재 상황, 직업 등 모든 것을 알고 있었다. 그래서 이 집은 분명히 그분에게 맞는 물건이라는 것을 알 수 있었다. 월세를 사는 것보다 대출 이자 내는 것이 더 절약되었다. 손님도 나를 믿기에 두말없이 도장을 찍었다. 그리고 손님께 말씀드렸다.

"사장님, 2~3년 부지런히 돈 모아서 현찰로 1억 넘으면 전화해주세요. 이 집 팔아드리고, 가격 대비 좋은 집으로 골라서 사드릴게요."

손님은 미소를 지었다.

계약이 끝나고 나가는데 물건지 부동산 사장님이 나를 불러 세웠다.

"김 사장, 잠깐 얘기 좀 하고 가요."

다시 부동산 사무실로 들어갔다. 집이 몇 개 있는데 팔아달라는 것이었다. 계약을 깔끔하게 단번에 끝내면 부동산 사장님들에게 대접을 받는다. 그럼 나는 어떻게 한 번에 계약을 성사시켰을까? '내가 이 상황이라면 이 집을 살 수 있을까?'라는 생각과 '이 정도 가격이면 손해가 없을까?'를 생각하기 때문이다. 팔려고만 하는 것이 아니라 진정 손님을 위해서 월세가 좋을지, 전세가 좋을지, 매매가 좋을지를 선택해드리는 것이다. 이렇게 하면 어떤 물건이라도 팔 수 있다. 아니 손님이 알아서 계약서에 도장을 찍는다. 손님과 건물주(집주인) 사이에서 적게는 50만 원에서 많게는 5천만 원까지 깎아드린 적이 있다. 손님이 내 부모 내 형제라고 생각했다. 너무 비싸게 책정되어 있는 물건을 손님이 맘에 들어 하시면 건물주에게 협상했다. 최대한 가격을 깎아 시세보다 저렴하게 살 수 있게 해드렸다.

하루는 중학생 자녀를 둔 40대 후반의 엄마가 집을 보러 나오셨다. 하지만 보증금이 너무 적어서 대출이 부족한 상황이었다. 아이가 커서 큰집으로 옮겨야 하는데 목돈은 없고, 인천까지 집을 보았는데 출퇴근하는 아빠와 중학생인 아들 때문에 부천 지역을 떠나고 싶어 하지 않았다. 3일째 부천 지역을 모두 누비고 다녔다. 그중에 대지 지분이 크고, 대출이 많이 나오는 집을 찾았다. 다행히 두 부부가 맞벌이하셔서 대출을 충분히 감당할 수 있는 여건이 되는 집이었다. 물건지 근처 커피숍에서 손님과 3차 미팅 때 손님이 사준 5천 원도 안 되는 커피 한잔을 얻어 마셨다. 나는 깐깐한 건물주 사장님과 협상에서 300만 원을 깎아드렸고, 손님은 신나서 소리를 지르셨다. 이때를 잊을 수가 없다. 40대 엄마와 딸, 시누이 3명의 여자가 사무실이 떠나가라 좋아하는 모습을 보았다. 300만 원이라면 작을 수도 있는 금액이지만 평범한 직장인들에게 300만 원은 엄청나게 큰 금액이었다. 별거 아닌 5천 원짜리 커피 한잔으로 300만 원을

오래된 빌라를 신축 빌라처럼 인테리어 했다.

절약하셨다. 사람은 감정의 동물이라고 했던가. 여러 번 만나서 밥 먹고 커피를 마시다 보면 어느새 정이 들어버린다. 나의 단점이다. 손님과 정이 들면 돈 벌기 조금 어려운데 금세 정이 들었다. 겁 없이 건축주 사장님들의 주머니에서 돈을 꺼내 손님들에게 돌려주면 나중에 소문이 퍼져서 나에게는 불이익이 돌아온다. 그래도 나는 항상 손님 편에서 최대한 가격을 깎아드렸다. 이 책을 읽는 독자들에게 이야기해주고 싶다.

"대접받고 싶은 만큼 남에게 대접하라."

잘 안 팔리는 부동산 제값에 파는 방법 몇 가지를 소개한다. 사람들은 누구나 환하고 예쁜 집을 좋아한다. 집을 보면서 항상 느끼는 것은 조금의 비용만 투자해도 새집처럼 꾸밀 수 있는데 이상하게 그냥 내버려둔다는 것이다. 화장실과 주방 싱크대, 벽지 장판만 바꾸어도 새집처럼 보인다. 모두 바꿀 필요 없이 깨끗한 곳은 두고 부분 수리를 하면 100만 원으로 꾸밀 수 있다. 이렇게 깨끗한 상태에서는 잘 팔리게 된다. 집이 비워진 상태로 매매할 때는 현관에 슬리퍼를 갖다 놓고 소파와 냉장고를 배치해도 계약이 잘된다. 작은 집은 흰색으로 도배를 하고 포인트를 주면 깔끔하고 넓어 보이는 장점이 있다. 주변 부동산에 모두 내놓는 것을 추천한다. 그렇게 해도 일하는 부동산만 열심히 광고한다. 누가 열심히 하는 부동산인지 알 수 없어서 모두에게 내놓으라는 이야기다.

부동산 매매의 제일 중요한 법칙, 생각해보면 답이 나온다.

'나'라면 이 가격에 사고 싶을까?

부동산 가격 분석은 전세가를 알면 매매 가격이 나온다. 가끔은 전세가가 매매가보다 높은 때도 있다. 갭투자를 넘어 집을 한 채 사면 5백~1천만 원이 남았다. 이런 집을 수백 채 갖고 계신 분을 알고 있다. 이분은 심지어 책을 써서 자랑하기도 했다. 1~2년 사이에 50억대 부자가 되기도 했다. 하지만 이런 경우는 매우 위험할 수 있다. 그냥 듣기만 하시길 바란다.

갭투자 할 수 있는 기준은 간단하다. 매매가 대비 전세가 비율이 80~85% 이상 부동산, 빌라일 경우 100%인 경우도 있었다. 30평 미만 소형 아파트, 산업단지를 끼고 있는 지방 도시, 500세대 이상 대단지 이런 식으로 갭투자를 했다고 책에 쓰여 있다. 하지만 일반 상식으로는 풀 수 없는 문제가 있다. 전셋값이 계속 오르기만 할까? 전세 만기 2년 후에는 대처 방안이 있을까? 현시점만 보더라도 정부가 갭투자를 막기 위해 모든 수단을 동원하고 있다. 이런 책이 인기를 끈 이유는 보통 사람들의 꿈을 대변했기 때문이라고 생각한다.

정상적인 갭투자 방법도 있다. 대출금과 전세금 반환보증을 이용한 투자법이다. 전세금 반환보증보험은 가입자, 즉 임차인이 임대인에게 전세보증금을 돌려받지 못하는 경우 주택도시보증공사(HUG)에서 대신 지급을 책임지는 일종의 보험 상품이다.

보증료는 아파트와 주택에 따라 다른데. 아파트의 보증료율은 연 0.128%, 아파트 외 주택은 연 0.154%다. 예를 들면 전세금이 2억 원인 주택의 경우, 보증료는 1년에 30만 8,000원으로 전세 기간 2년의 경우 61만 8,000원을 납부하면 된다. 가입료는 6개월 단위로 분할 납부도 가능하며, 저소득층, 신혼부부, 다자녀, 한부모, 장애인 등 사회적 배려 계층에게는 40~60% 할인 혜택도 적용된다. 또한, 과거에는 이 상품에 가입하려면 임대차 계약 기간이 절반 이상 남아 있어야 했는데. 이제는 전세금 반환보증 특례가 확대되면서 임대 계약이 절반 이상 지난 세입자도 계약 기간 종료 6개월 전까지 가입할 수 있다.

전세금 반환보증 가입 방법은 주택도시보증공사(HUG) 영업점 및 홈페이지(khig.khug.or.kr) 및 시중 은행과 위탁 업무를 맡은 공인중개사를 통해 가입할 수 있으며, 다가오는 9월부터는 모바일 '카카오페이'를 통해서 가입할 수 있게 업그레이드된다. 가입을 위해 준비해야 할 서류들도 있다. 과거에는 임대인의 동의가 필요했지만, 이제는 임대인의 허가 절차가 사라졌다. 그 밖에 준비해야 할 서류들도 홈페이지에서 참고하기 바란다.

　모든 부동산의 가격 분석과 매매의 법칙은 어떻게 알 수 있을까? 부동산 시장에서 수요와 공급이 균형을 이루어 가격이 결정된다. 정부의 부동산 정책에 따른 시장의 변화와 그에 따른 가격 변화도 있다. 더 정확한 것은 없을까? 있다. 부동산 가격 분석에서 전세가를 알면 매매 가격이 나온다. 가끔은 전세가가 매매가보다 높은 때도 있다. 부동산 가격 분석 시 제일 정확한 방법은 부동산 사무실에 해당 물건의 급매 가격을 알아보는 것이다. 급매로 팔릴 가격을 알게 되면, 사는 가격을 정할 수 있다. 아파트라면 KB시세로 알아볼 수도 있다. 또 다른 방법으로 대출 업무를 하는 분에게 전화를 하면 부동산 시세를 정확히 알 수 있다. 허황한 생각을 없애고 현실적인 부동산 가격 분석과 매매의 법칙을 알고 투자를 한다면, 누구나 10년이면 원하는 수준의 경제 단계에 도달하게 될 것이다. 번듯한 내 집 하나와 월급만큼의 월세 수익이 들어오게 될 것이다.

경제적 자유인이 되고 싶다면
부동산 공부는 필수다

부자들은 경제 흐름에 밝은 사람들이다. 경제 흐름을 알고 부동산에 투자한다면 부동산 정책이나 규제에 휘둘리지 않는다. 이렇듯 부동산 투자로 경제적 자유인이 되고 싶다면 경제 공부가 필수적이다. 자본주의 사회에 살면서 경제를 모르고 부동산에 투자하는 것은 위험하다. 경기가 좋을 때는 수익으로 이어진다. 하지만 경기가 나쁠 때는 큰 손해를 볼 수 있다.

부동산 투자의 기본 조건은 금융과 경제에 관한 공부다. 국가통계와 소비자 심리지수를 분석하며 매수 타이밍을 잡을 수 있다면 이미 고수다. 우리가 할 수 있는 가장 쉬운 투자법이 있다. 절대 실패하지 않는 투자는 장기 투자다. 기다림의 공부가 제일 중요하다.

나도 처음에 부동산을 '투자' 목적으로 산 것이 아니다. 전셋집이 없어서 신축 빌라를 매매했다. 요즘은 인터넷 발달로 내가 원하는 정보를 클릭 몇 번이면 찾아낼 수 있다. 경매를 예로 들자면 유튜브에 경매라고 검색하면 수백 수천 개의 동영상이 나온다. 처음 공부하는 당신은 정보의 홍수가 오히려 공부에 방해될 것이다.

어떤 이는 500만 원, 심지어 0원으로도 경매 투자할 수 있다고 한다. 또 다른 사람은 5천만 원이 있어야 한다는 사람도 있다. 과연 누구 말이 맞을까? 둘 다 맞는 말이다.

0원으로 투자해서 성공하는 사람이 있다. 신용등급 1등급에 연봉이 많거나 실적 많은 법인사업자를 갖고 있다면 몇 억도 쉽게 빌릴 수 있다. 동영상을 보다 보면 어떤 영상이 현실에 가장 맞을지 찾기가 어렵다. 나의 환경과 종잣돈으로 할 수 있는 게 어떤 건지 선택하기가 까다롭다. 부동산 전문가들의 블로그나 카페가 있다. 양질의 내용과 실전 사례가 담겨 있다. 하지만 초보는 실제 경매 투자했을 때는 두려울 것이다. 아무리 경매 투자의 정답을 알려줘도 어두운 밤처럼 깜깜하게 느껴질 테니 말이다.

나도 처음 경매를 했을 때가 기억난다. 서점에서 책을 하나 골라서 여러 번 반복해서 읽었다. 어느새 자신감이 생겼다. 법원 경매 물건을 확인하고 현장 방문을 갔다. 부동산에 들러 시세도 확인했다. 입찰 당일이 되어 법원에 찾아갔다. 입찰 봉투에 입찰 금액을 적으면서 2~3번 확인했다. 틀리게 적으면 안 된다고 책에서 겁을 주었기 때문이다. 입찰 순서를 기다렸다. 왜 이렇게 떨리는지. 누구나 그럴 것이다. 누구의 도움도 없이 혼자서 경매 관련 책 한 권 읽고서 바로 실전에 나왔으니 그럴 만도 하다. 지금은 중년의 아저씨라서 눈치나 두려움에 조금씩 적응이 되어 편하게 앉아 있을 수 있다. 경매장 주위를 둘러보니 나보다 나이 많은 아저씨, 아줌마들이 경매장을 가득 채우고 있었다. 나의 순서가 되어 발표하는데 나는 2등이었다. 낙찰자와 3천만 원 이상 차이가 났다. 기다렸다가 입찰금을 돌려받고 회사로 향하는 길은 씁쓸했다. 지금처럼 배우는 데 적극적이었다면 경매학원이나 멘토를 통해 성공하는 낙찰자가 되었을 것이다.

자본주의 경제 논리 속에서 살아남기 위해서는 공부하는 데 많은 시간을 투자해야 한다.

자본주의란 상품 생산을 하여 이윤을 획득하려고 하는 경제 체제를 말한다. 자본주의의 특징은 ①사유재산제가 기본이 되는 것, ②모든 재화에 가격이 적용되는 것, ③이윤 획득을 목적으로 하는 것, ④노동력을 투입해 상품을 만든다는 것, ⑤생산은 계획에 따르지 않는다는 것 등을 들수 있다.

나는 미국의 서브프라임 모기지 사태로 엄청난 타격을 입었다. 서브프라임은 경제에 관심 있는 사람이라면 모두 아는 사건이다. 미국 거대 은행들이 남아도는 돈을 신용 없는 사람, 저소득층, 심지어 직업이 없는 사람에게도 주택 담보로 돈을 빌려주기 시작했다. 이렇게 미국의 부동산 거품이 시작된 것이다. 집값이 오르니 자기 자산이 늘어난 거로 착각했다. 모기지 상품은 세계 각국 은행에서 엄청나게 팔려나갔다. 결국은 미국 경제뿐 아니라 우리나라에 나와 같은 초보 투자자에게 엄청난 부동산 피해를 주었다.

부동산 공부는 필수적으로 해야 한다. 처음부터 모든 것을 배울 수는 없지만, 시간을 가지고 꾸준히 노력한다면 어떤 경제적 위기가 오더라도 대처할 수 있는 투자자가 되어 있을 것이다. 모 유튜브 재테크 채널 중에 '지금이 역사 이래 돈 벌기 가장 좋은 때'라고 눈길을 사로잡은 영상이 있다.

30대 젊은이에게는 세상을 쉽게 바라보는 눈이 있는 것 같다. 얼마 전에 보니 인터넷 강의도 개설하고 자신의 노하우를 돈으로 바꾸는 기술을 배워서 쓰고 있었다. 투자해도 손해나지 않는 1인 창업 유튜버도 공부해서 자신의 지식을 돈으로 바꾸고 있는 것을 보니 꾸준한 노력이야말로 모든 일의 원동력임을 느낀다.

| 월급쟁이를 위한 부동산 투자 스쿨

부동산 투자는 돈이 든다. 요행만을 바라고, 전문가의 말만 믿고 경제적 자유를 꿈꾼다면 일장춘몽이 될 것이다. 경제적 자유인이 되고 싶다면 무조건 해야 하는 게 부동산 공부다. 공부하고 시간을 가지고 기다리면 좋은 물건이 눈앞에 나타날 것이다. 너무 조급하게 생각하지 말자. 10년 계획을 세워보자. 지금 당장 빈 노트에 적어보자. 나의 목표 100억 자산을 2030년까지 만든다. 그리고 인터넷을 이용해 책을 구매한다. 카페에서 글을 찾아 읽는다. 유튜브에서 경매 강의를 들어보고 나에게 맞는 강사에게 강의를 신청해서 듣는다. 이러다 보면 당신은 어느새 경제적 자유인에 한 걸음 다가가 있을 것이다. 포기하지 말고 끝까지 노력하자.

Real Estate Investment School

부동산 눈이 있다면
돈은 중요하지 않다

부동산 투자, 월급쟁이가 유리하다

부동산 투자 월급쟁이가 유리한 이유는 무엇일까? 매월 일정한 금액이 통장으로 들어오기 때문이다. 사업할 때는 불규칙하게 돈이 들어오기 때문에 부동산 투자가 어려울 수 있다.

월급쟁이의 월급은 정해져 있다. 한 해 수입이 정해져 있다는 것이다. 내가 원한다면 모든 돈을 적금할 수도 있고 쓸 수도 있다. 자영업자는 그렇지 않다. 올해 10억을 벌어도 내년에 얼마를 벌 수 있을지는 아무도 모른다. 월급쟁이는 적은 월급이라도 꼬박꼬박 들어와 재테크 설계가 가능하므로 월급쟁이가 유리하다고 본다.

직장 근무 연수가 늘어남에 따라 연봉도 조금씩 오른다. 주변을 보면 편의점 사장님들이 인건비가 올라 잠도 못 자고 부부가 운영한다는 사연을 듣는다. 이 글을 쓰고 있는 시점에 코로나바이러스 때문에 시장 상인과 자영업자들은 매출이 반 이상 줄었다. 언제 끝날지도 모르는 전염병으로 경제적 피해를 볼 수 있다. 상대적으로 월급쟁이는 이러한 부담이 적다. 힘들 땐 부서장이나 지원부서에 도움을 받아 처리할 수도 있다. 레버리지를 이용한 투자 시에도 월급쟁이는 연봉 대비 대출이 쉽다. 앞서 살펴본 이유처럼 월급쟁이는 당신의 의지만 있으면 부동산 투자에 걸림돌이 거의 없을 것이다.

나도 직장생활을 15년 넘게 했었다. 하루도 빠짐없이 말이다. 하지만 15년이 넘어 퇴직할 때는 몇천만 원 퇴직금이 전부였다. 퇴사 후 사무실을 구하고 법인사업자를 냈다. 내 사업체라는 기쁨도 잠시였다. 매월 월급날은 왜 이렇게 빨리 오는지. 2월은 왜 이렇게 짧은지 한 달에 쉬는 날도 많았다. 며칠 일하지 않아도 직원들 월급을 줘야 했다. 사업 초기에는 내 월급은 가져가지도 못하고 직원들 월급 마련과 영업을 해야 해서 정신이 없었다.

한가해진 토요일 오후였다. 커피 한잔 마실 여유가 생겼다. 그때 문득 퇴직을 앞두고 회장님께서 하신 말씀이 기억났다. 아무 이유 없이 나를 부르신 회장님은 "요즘 힘들지?" 하는 것이었다. 경리직원이 가져온 커피를 마시면서 이야기하셨다. 나는 사실 감정 표현이 완벽하지 않다. 싫으면 얼굴에 표시 나고, 다혈질 스타일이다. 지금은 40대 후반이 되니 조금씩 나아지고 있다.

　회장님은 삼성전자 출신이었다. 삼성에서 나와 중소기업을 차렸는데 어찌나 한 달이 빨리 오는지 월급 주고 돌아서면 또 월급날이 되었다고 말씀하셨다. 그때는 퇴근 시간도 없이 밤새워 일할 때도 많았다고 하셨다. 회장님은 나를 쳐다보셨다. 무슨 뜻인지도 모르고 나는 그냥 웃고 앉아 있었다. 나가서 사무실 차려봐야 현실을 알 수 있다는 얘기였는데 눈치가 없었다. 지금은 무슨 이야기인지 알았지만, 그때 당시는 실감이 나지 않았다. 젊은 사업가에게는 그런 것은 문제 되지 않는다고 생각했을지도 모른다.

　대부분 퇴직자는 프랜차이즈 사업을 한다. 커피 전문점을 인테리어만 1~2억 들이고 임대료와 권리금을 주고서 시작한다. 아무런 경험 없이 시작한 사업은 잘되기 어렵다.

　남이 하는 커피숍에서 아르바이트하면서 일을 배워야 한다. 하지만 현실에서는 대학생과 알바 자리를 다투어야 하므로 어려울 수 있다. 지인도 치킨집을 차리려고 여기저기 알아봤다. 한 집 건너 하나씩 있는데 성공하려면 어떻게 해야 할지를 고민했다. 가맹 교육을 해주는 치킨 대학에 입학하기로 했다. 예비 가맹주 상대로 10박 11일 과정을 마친 뒤에야 점포를 운영할 수 있었다. 이렇듯 그는 교육을 받은 후 창업에 성공했다.

거래처 실장님의 소개로 건축주분과 일을 하게 되었다. 그분은 카센터를 하면서 빌라를 지어서 파는 건축주였다. 본인이 일하지 않아도 꾸준히 돈이 들어오는 카센터가 있고, 빌라 부지를 사들여서 빌라를 지어 팔았다. 사장님이 조용히 부르셨다.

"김 사장 일 잘한다는 소문이 있는데 내 동생하고 같이 분양하면 도와줄 테니 해봐요."
"네. 감사합니다."

이렇게 건축주 동생과 동업을 시작했다. 나는 사실 인간관계에 약했다. 주변인들 말로는 좋게 말하면 성격이 좋은 거다. 사람 말을 그냥 다 믿었다. 조금 걸러서 들어야 하는데 말이다. 처음에는 조금씩 돈을 모아서 일을 같이했다. 광고도 같이하고 부동산 손님도 같이 만나고 건축주 사장님이 집이 여러 채라서 그것만 팔아도 돈이 되었다. 시간이 지나고 어느 순간 궁금증이 생겼다. 동생분과 나를 같이 붙여놓은 이유가 뭘까? 몇 달 안 돼서 알게 되었다. 내가 가진 얕은 지식을 원했던 거였다. 하지만 이런 지식은 누구나 가진 거로 생각했다. 좋은 물건 제값에 판매하는 일은 누구나 할 수 있는 일이었다. 나는 항상 운이 좋았다.

내 생각에 동업은 하지 않는 게 제일 좋은 것 같다. 어떤 일이든 누가 많이 일했는가에 따라 분쟁이 생기고 이익 배분과 성격 차이로 문제가 생길 수 있어서 어려운 것 같다. 이런저런 분쟁이 생겨서 동업은 끝이 났다. 동업하려거든 일을 정확히 정하고 이익 배분도 문서로 만들어서 정확히 해야 한다. 살면서 좋은 경험을 했다.

월급쟁이가 아니라고 실망할 필요는 없다. 소액 투자를 해야 하는 사람이라면 다른 방법이 있다. 1천만 원만으로도 투자할 부동산은 많기 때문이다. 이 책을 읽는 대부분의 독자는 부동산 투자가 처음이거나 노력해도 잘 안 되는 사람일 가능성이 높다. 그렇다면 망설이지 말고 온라인 부동산 카페에 가입해 흐름을 익혀야 한다.

월급쟁이일 때 부동산 투자를 시작하자. 퇴직 전까지 제2의 파이프라인을 만들어 멋진 인생을 살아보자.

부동산 투자에 월급쟁이가 유리한 이유는 매월 일정한 금액이 통장으로 들어오기 때문이다. 월급쟁이의 월급은 정해져 있다. 수입이 정해져 있다는 것이다. 내가 원한다면 모든 돈을 적금할 수도 있고 쓸 수도 있다. 적은 월급이라도 꼬박꼬박 들어와 재테크 설계가 가능하여서 월급쟁이가 유리하다. 직장 근무연수가 늘어나면서 연봉도 조금씩 오른다. 레버리지를 이용한 투자 시에도 월급쟁이는 연봉 대비 대출이 쉽다. 앞서 살펴본 이유처럼 월급쟁이는 의지만 있으면 부동산 투자를 하는 데 걸림돌이 거의 없을 것이다.

모든 것을 공부할 필요는 없다

보통 사람들은 당장 이사를 하거나 전세를 구할 때가 되어서야 부동산에 관심을 가지게 된다. 부동산 공부는 꾸준히 하지 않으면 현명하게 내집 마련이나 투자가 어렵다.

부동산 시장도 매년 급격히 변하고 있다. 과거에는 사기만 하면 무조건 가격이 올랐다. 하지만 지금은 정부가 부동산 정책을 2달에 한 번꼴로 발표하고 있다. 규제 정책으로 풍선 효과를 보는 지역이 생기면서 가격 차이가 천차만별이다. 이렇듯 많이 공부한다고 해서 부자가 되는 것은 아니다. 운도 따라야 한다. 그러나 걱정은 접어두고 부동산 공부 지금부터 시작하면 된다. 그리고 평생 공부해야 한다.

워런 버핏은 "책과 신문 속에 부가 있다."라고 말했다. 실패를 줄이는 가장 확실한 방법은 철저한 공부다. 하지만 모든 것을 공부할 필요는 없다.

실제로 매일 실천할 수 있는 구체적인 방법을 소개하겠다. 하루 1시간 부동산 투자 공부를 한다.

경제신문 매일 읽기	매일 인터넷 경제 신문을 본다. 기사를 읽고 개인 블로그에 올린 뒤 나의 생각을 적는다.
재테크 책 매일 읽기	부동산 투자, 금융 투자, 부자 마인드, 시간관리, 자기계발서 책을 읽는다.
블로그나 카페 활용하기	온라인카페, 블로그를 통해 정보를 수집한다.
세미나와 강의 참여하기	경제 관련 세미나를 들어보자.

2월인데 겨울은 다 지나간 듯 따뜻한 오후였다. 친구가 운영하는 부동산 사무실에 놀러갔다. 친구는 말했다.

"집 좀 팔아 줘! 1년이나 집이 안 팔려 힘들다."

내가 말했다.

"20년 경력의 부동산 전문가가 나보고 집을 팔아달래?"

친구는 빨리 팔아달라며 과일까지 깎아주면서 부탁을 한다. 오죽 답답했으면 놀러간 나에게 집을 팔아달라고 할까. 매매가 어려웠던 모양이다. 예전에도 친구 사무실에 놀러 갔을 때 손님 한 분이 급하게 전세를 빼야 한다기에 그다음 날 바로 전세 세입자를 맞춰준 기억이 난 모양이다. 그래서 일단 가서 직접 물건을 보기로 했다.

"그럼 주소 줘봐. 내가 가서 사진 찍고 팔아줄게."

나는 자신 있게 이야기했다. 나에게는 탁월한 능력이 있다. 전세도 하루에 빼고, 매매도 하루에 2채씩 했던 것을 옆에서 지켜본 터라 친구가 나에게 부탁하는 것이었다. 나는 공인중개사도 아니고 빌라 전문가였다. 하지만 나는 매매와 투자 물건을 잘 보았다. 친구는 이렇게 말한다.

"전세 들어갈 세입자도 있으니까, 매매 안 되면 투자 손님을 붙여."

과일을 다 먹고 물건지로 향했다. 부동산 사무실과 가까웠다. 걸어가면서 주변 환경을 살펴보았더니 교통여건이 조금 많이 아쉬웠다. 차가 없으면 버스를 여러 번 환승해야 서울로 나갈 수 있는 환경이었고, 주차장 역시 조금 부족해보였다.

하지만 초등학교 정문까지 2분 거리이고, 시장도 가까웠다. 무엇보다

채광이 확실한 남향집이었다. 최근 같은 평수 같은 지역에 비슷한 빌라가 1억 2,800만 원에 매매되었다. 현재 이 집은 1억 1,800만 원으로 천만원 이상 싼데 왜 거래가 안 될까 생각했다. 빌라 출입문이 남쪽이고 도로 쪽이었다. 그런데 계단이 다소 높아 불편했다. 입구부터 이러니 손님들이 집 구경하기도 전에 마음을 돌렸다는 생각이 들었다.

현관문의 비밀번호를 누르고 들어갔는데, 불도 안 들어오는 거였다. '이거 뭐야?' 메인 전원을 찾아 스위치를 올려보니 그때야 불이 켜졌다. 거실과 주방이 일자로 되어 있고, 요즘 신축 빌라들은 아일랜드 식탁이 주방에 연결되어 있어 주부들의 마음을 사로잡았는데 여기는 식탁이 없다. 그나마 싱크대와 조명을 새롭게 바꾸고 화장실을 완전히 새롭게 리모델링했다. '이건 잘했네.' 보일러실을 열어 보았다.

'음, 새것으로 교체했네.'

예전 집을 리모델링한 상태라 천장형 에어컨이 없고, 중문이 없고, 아일랜드 식탁이 없었다. 이것만 있어도 바로 매매되겠다는 생각이 들었다. 왜냐하면, 아파트에 들어갈 수 없는 분들은 적은 금액으로 집 구경을 하다 보면 신축 빌라를 보는 순간 눈이 높아져 이런 구옥들은 눈에 들어오지 않게 되는 경우가 많기 때문이다. 가격은 싼 게 확실한데, 뭔가 있어야 할 게 없다고 생각한 손님들이 왔다가 그냥 가는 것이라 판단했다.

이게 만약 내 집이라면 중문 40~50만 원 정도, 아일랜드 식탁 10~20만 원, 에어컨은 120만 원으로 추가 비용 200만 원이면 한 달 안에 매매될 거라는 확신이 들었다. 모든 것을 공부한다고 물건을 잘 파는 것도 아니다. 기본적으로 물건을 보는 눈이 있어야 한다. 그래야 돈이 보인다.

| 월급쟁이를 위한 부동산 투자 스쿨

처음 부동산을 배울 때가 생각난다. 선배로부터 매일 40군데 물건지 주소를 받았다. 하루에 다 보고 오라는 것이었다. 체크 리스트에 집의 방향, 구조, 가격, 물건의 지역 특성까지 파악해야 했다. 처음에는 시간이 너무 오래 걸렸다. 남향인지, 북향인지 구분하는 것도 헤매던 시기였다. 정신없이 뛰어다니니 하루에 30군데를 보고 사무실에 들어오면 녹초가 되었다. 거기서 끝이 아니었다. 광고도 해야 했다. 부동산 사이트에 광고를 올리고, 답사 갔던 내용을 컴퓨터로 정리해야 일과가 끝났다. 이렇게 몇 달을 하니 신기하게도 물건 보는 눈이 생기기 시작했다. '이 집은 가격이 좋다. 이 집은 구조가 잘 빠졌네. 이 집은 투자자가 좋아하겠다.' 등등 나름 시야가 넓어진 것이다.

공부도 중요하지만 모든 것은 시간이 해결해주었다. 시간이 생기면 부동산 전문 용어도 배워갔다. 공인중개사협회에서 보면 자세히 나온다.

경매 공부를 할 때였다. 강사가 한참을 교육하다가 질문을 던졌다.

"경매는 하자 있는 물건을 사는 겁니다. 맞나요?"

나는 생각했다. '당연히 망한 집을 사는 거잖아?' 그런데 강사가 말을 이어갔다.

2장_부동산 눈이 있다면 돈은 중요하지 않다 |

"물건에 하자가 있는 게 아니라 소유한 사람이 문제가 있는 것입니다."

강사는 교육생이었던 두 사람의 이야기를 해주었다. A는 매사에 매우 부정적인 사람이었다. 개발 예정인 물건을 살 수 있게 도와주었는데, 구입 후에도 여기저기 다니면서 "여기 개발되는 거 맞나요?"라고 계속 묻고 의심하고 다녔다고 한다. 구청에 가서 "이거 개발되는 거 맞나요?" 하며 담당자를 매번 찾아가서 물어보았단다. 이렇게 본인 스스로 스트레스를 받으면서 1년을 버티다 투자 원금만 받고 되팔았다. A는 손해를 본 게 없을까? 이 사람은 시간과 정신적인 커다란 피해를 본인 스스로 만들었다. 이런 사람은 투자하면 안 된다는 것이다. 된다는 확신으로 일을 추진해도 성공하기 힘든 게 투자인데, 시작부터 부정적인 생각을 한다면 스스로 스트레스를 이겨내지 못하는 것이다.

반면 B는 매우 긍정적인 사람이었다. B가 강사에게 물었다.

"이 물건 개발 안 되는 거예요?"
"안 될 수도 있지만, 정부 허가가 난 상태라서 특별한 일이 없으면 무조건 개발이에요."

결과는 어떻게 되었을까? 믿고 기다린 B는 매수한 지 2년 만에 원금의

2배를 받고 팔게 되었다고 한다.

똑같은 물건에 같은 돈을 투자해도 어떤 이는 돈을 벌고 어떤 이는 걱정과 스트레스만 받는다. 강사는 20년 경매 강사를 하다 보니 별의별 사람을 다 보는데 부자 되는 사람은 걱정이 없고 긍정적인 마인드를 소유한 사람이라고 했다. 긍정적인 생각을 할 수 없는 사람은 투자해도 이익을 보기가 매우 힘들다고 했다. 부자가 되려면 공부보다는 생각부터 바꿔야 돈을 벌 수 있다고 강조했다.

나 역시 격하게 동의하는 부분이다. 긍정적인 생각과 뚜렷한 목표를 세우고 실천해 나가면 성과가 나타난다. 투자를 고민하고 결정했다면 시간을 두고 기다리면 된다. 대부분 부동산 투자는 시간이 걸린다. 단타 매매로 수익을 내는 경우도 있지만 대부분은 짧게는 2~3년, 길게는 10년이 걸려야 많은 이익을 얻을 수 있다.

많이 공부한다고 해서 부자가 되는 것은 아니다. 실천해야 부자가 될 수 있다. 부동산 공부 지금부터 시작하면 된다. 실패를 줄이는 가장 확실한 방법은 철저한 공부다. 하지만 모든 것을 공부할 필요는 없다. 제일 중요한 공부는 마음공부다. 걱정을 내려놓을 수 있고, 긍정적으로 생각할 힘이 있는 분이라면 분명히 부동산 투자로 성공할 수 있다.

생각을 바꿔야 수익이 보인다

여러분은 왜 부동산 공부를 하려고 하는가? 내가 왜 공부해야 하는지에 대한 명확한 답이 있어야 한다. 간절하고 절박하게 공부를 해야 한다. 부자가 아닌 대부분 사람은 '되면 좋고, 안 되면 말고.'라는 생각으로 살았을 것이다. 죽기 살기로 살 수 있다면 부자 마인드가 장착되고 수익을 거둘 수 있다.

'부동산, 지금이 최고점일까? 부동산은 언제 투자해야 할까?' 이런 고민을 해보았다면 당신은 누군가의 도움이 필요한 시점이다. 주변에서 멘토를 찾아라.

필자는 '부동산 투자 코치'의 길을 걷고 있다. 필자 생각엔 지금이 바로 부동산 투자를 해야 할 때다. 10년 전에도 지금이 최고점이라는 말들이 나왔다. 50년이라는 긴 시간으로 본다면 부동산 시장은 계속 상승 중이다. 제일 좋은 투자는 서울에 아파트 사서 50년 동안 사는 것이다. 제일 단순하고 확실한 방법이다.

현장에 오래 있다 보면 투자를 하는 사람과 안 하는 사람을 분별할 수 있다. 안 해본 사람들은 돈이 없어서 못 한다고 한다. 그리고 소액으로 투자 가능한 물건을 소개해주어도 걱정부터 한다.

"좋은 물건 같은데 전세가 안 들어오면 어떡하죠?"

전세 세입자가 대기 중이라 하면, "그럼 2년 후에는요? 뉴스에서 갭투자 잘못하면 손해 본다는데요?"라며 끝없이 걱정만 늘어놓는다.

수익률 높은 수익성 투자 물건이 매물로 나온 경우를 예로 들어보자. 보증금 3천만 원, 월세 100만 원으로 투자 대비 6% 수익률이 예상되는 물건이 있다. 부정적인 사람들은 "혹시 공실이 생기면 어떡하죠?"라고 묻는다. 현재 시세가 월세 100이고 위치나 구조, 조망 등이 뛰어나서 공실 위험은 크지 않은 상태라고 설명해도, "그래도 100% 되는 건 아니잖아요?"라고 말한다.

물론 손님의 말이 틀린 말은 아니다. 하지만 시작도 하기 전에 걱정만 한다면, 아무리 좋은 기회가 와도 투자로 성공하기 어렵다. 이 세상에 100%는 없다. 2~3년 후에 전세 세입자를 못 맞출 수도 있다. 100% 확실하다면 그 시장은 '투자 가치'가 없다는 게 내 생각이다.

다양한 부동산 규제 정책이 쏟아져 나오고 있다. '집값과의 전쟁'을 선포하고 여러 차례의 고강도 대책을 연이어 선보였다. 그러나 한번 붙은 집값 폭등의 불길은 더욱더 맹렬하게 치솟아, 최근 가장 큰 폭의 상승률을 보였다. 서울 강남을 비롯한 선호 지역의 집값은 불과 2년 사이에 50% 이상 치솟았고, 일부 지역에서는 상승 폭이 무려 100% 수준까지 이르렀다. 정부가 바라는 것은 투기를 규제하는 것이다. 하지만 마음대로 되지는 않는다. 왜 그럴까? 우리나라 진짜 부자들은 현찰로 10~20억을 가지고 있다. 대출 없이도 부동산 매매가 가능한데 어떻게 규제할 것인가?

소액 투자는 어떨까? 부동산 규제 속에서 가능한가? 가능하다. 정부에서도 집값이 안정적인 걸 원하고 있다. 급격한 상승은 막고 있지만 크게 떨어지는 것은 바라지 않는다. 그렇다면 정부의 규제를 피하고 소액 투자를 하는 방법은 무엇인가? 바로 주택임대 사업자등록을 하고 감면과 비과세 혜택을 누리는 것이다.

소형주택으로 주거전용 면적이 40㎡ 이하이면서 기준시가가 2억 원 이하는 비과세가 된다.

1. 과세대상 및 비과세, 과세미달

○ (과세대상 및 비과세) 주택임대소득 과세대상과 비과세 등은 아래와
  같습니다.(보유 주택 수는 부부 합산하여 계산)

보유 주택 수	과세대상 ○	과세대상 ×
1주택	✔ 국외주택 월세 수입 ✔ 기준시가 9억원 초과 주택 　월세 수입	✔ 국내 기준시가 9억원 이하 　주택의 월세 수입 ✔ 모든 보증금·전세금
2주택	✔ 모든 월세 수입	✔ 모든 보증금·전세금
3주택 이상	✔ 모든 월세 수입 ✔ 비소형주택 3채 이상 보유 　& 해당 보증금·전세금 합계 　3억원 초과하는 경우	✔ 소형주택의 보증금·전세금 ✔ 비소형주택 3채 미만 보유한 　경우 보증금·전세금 ✔ 비소형주택의 보증금·전세금 　합계 3억원 이하인 경우

* (소형주택) 주거전용 연적이 40㎡ 이하이면서 기준시가가 2억원 이하

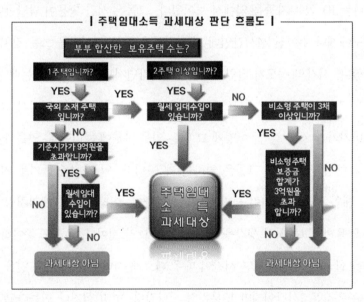

┃ 주택임대소득 과세대상 판단 흐름도 ┃

국세청자료 과세대상 및 비과세, 과세미달 2020-04-24

유대인 부모들은 아이들에게 금융 지식에 관한 공부를 중요하게 생각한다.

유대인들만의 금융 교육 방법 중 하나가 아이들에게 선물을 돈으로 주거나 주식을 자기의 선택으로 투자하도록 하는 것이다. 이런 교육이 계속되면서 경제 관념이 체화되고 아이가 커서 부모가 되면 자연스레 또 자녀 교육으로 이어진다. 전 세계 경제를 쥐고 있는 사람들도 유대인이다. 이렇듯 가정 교육이 중요하다.

나는 100억 부자들을 옆에서 보아왔다. 그들은 시간 활용이 남달랐다. 누구에게나 주어진 24시간인데 그 사람들은 하루 48시간을 쓰는 것처럼 보였다. 시간의 속도가 달랐다. 나는 걸어가면서도 힘들다고 하는데, 그들은 스포츠카를 타고 최고 속도로 달리고 있었다. 도대체 어디서 그런 에너지가 넘치는 걸까? 어떻게 그 많은 일을 하루에 처리할 수 있을까?

그 해답을 찾았다. 그들은 일하는 게 아니다. 일 자체를 즐기는 거였다. 게임을 하는 것처럼 즐기며 재미있어했다. 어떻게 일을 게임처럼 할 수 있을까? 그들처럼 생각을 바꾸면 돈이 보일 것이다. 우리도 좋아하는 일을 할 때를 생각해보면 시간이 매우 빠르게 지나간다. 즐거운 일을 할 때는 똑같은 1시간이지만 10분처럼 지나간다. 하기 싫거나 힘들다고 생각한 일을 할 때는 몇 시간을 한 것 같아도 30분이 채 지나지 않았던 경험은 누구나 했을 것이다. 모든 것이 생각의 차이에서 왔다.

| 월급쟁이를 위한 부동산 투자 스쿨

그들은 생각도 보통 사람들과는 달랐다. 나는 이런 질문을 했다.

"나도 돈 벌 수 있을까요?"

그들은 대답했다.

"당연하지! 무조건 돈 벌 수 있어요."

돈의 흐름이 보인다고 했다. 예전에는 말로만 들었다. 누구나 알고 있지만 돈 버는 생각만 한다는 것이다. 그는 나에게 말했다.

"조급해하지 말고 생각을 바꿔보세요. 그럼 모든 게 보일 거예요."

그리고 몇 가지 책을 추천해주었다. '확신의 힘'도 그 중 하나였는데, 그는 '여러 번 반복해서 읽다보면 생각이 바뀌고, 인생이 바뀐다'고 강조했다. 자신의 책 읽는 방법도 알려주었다.

"책을 볼 때는 목차를 여러 번 보시고 맘에 드는 부분만 찾아서 봅니다. 이 세상에 책이 많은데 언제 그 책을 다 읽겠습니까? 나에게 필요한 부분만 뽑아서 읽어야 시간 낭비가 없습니다."

그렇다. 책 하나를 읽는데도 그만의 철학과 비결이 있었다.

그는 나를 위해 마지막으로 이야기했다.

"책을 쓰고, 마케팅 배우고, 1인 창업을 하세요."

'책을 쓰라고? 난 평범하게 살았는데 어떻게 책을 쓰지?' 이 부분에서부터 막혔다. 생각이 멈췄다는 표현이 맞을 것이다. 내 표정을 보던 그가 말다. "책 쓸 수 있습니다. 그냥 쓰시면 됩니다." 책 쓰기를 도와줄 테니 쓰라는 것이었다. 그래서 이렇게 나의 인생이야기를 쓰고 있다. 이 책을 읽는 당신도 도움이 필요하다면 나에게 찾아오라. 네이버 카페 '한국부동산투자협회'를 운영 중이다. 카페에 가입하고 도움을 요청하셔도 좋다.

그는 매사에 긍정적이었다. 지금껏 부정적인 단어를 사용하는 걸 보지 못했다. 컵에 물이 반이 남았다. 당신은 어떻게 표현하는가? '물이 반이나 남았네.'라고 생각할 수 있다면 당신은 부자 될 가능성이 높다. 실제 어떤 조사에서도 대부분 가난한 사람들의 80% 이상은 부정적인 사고방식을 가지고 있다는 결과가 나왔다. 그리고 가난한 사람들이 만나는 사람들이나 주변 친구들 역시도 80%가 부정적인 사고를 하는 사람이라고 한다.

사람은 원래 유유상종이라고 했다. 부자가 되려면 돈에 관한 전문가들을 많이 만나야 한다. 그럼 어디서 만날 수 있을까? 각종 부동산 세미나에 참가해보자. 그러면 당신과 같은 생각의 사람들을 만날 수 있고, 그들의 생각도 배울 수 있다. 이 세상에는 나와 다른 행동과 사고방식을 갖고 나보다 잘사는 부자들이 훨씬 더 많다는 것을 알게 될 것이다.

당신은 어떤가? 자주 만나는 5명을 생각해보자. 그들의 삶은 어떠한가? 그들 중에 100억 부자가 있는가? 있다면 당신은 부자가 될 확률이 매우 높다. 그런데 그렇지 않다면 모든 것을 바꿔야 할 것이다. 생각을 바꾸고, 행동을 바꾸고, 만나는 사람들도 바꿀 필요가 있다. 스스로 부정적인 사고방식에서 벗어나지 못한다면 환경을 모두 갈아치워야 한다. 죽기 살기로 인생을 살 수 있다면 진정한 자유를 누리게 될 것이다. 당신이 원하는 삶을 살게 될 것이다. 포기하지 말고 끝까지 앞으로 나아가자.

부동산 투자의 고정관념을 버려라

부동산 투자의 고정관념을 버려라. '어떡하면 나의 뇌 구조를 바꿀 수 있을까?'를 고민해야 한다. 다음을 모두 바꾸어보았다. 당신은 어떤가? 동의하는가? 생각을 바꾸면 당신도 돈 벌 수 있다.

부동산 투자는 은행 대출과 큰돈이 있어야 한다?

⇒ 나는 은행 대출이나 큰돈 없이도 부동산에 투자할 수 있다.

투자는 돈 있는 사람들만 한다?

⇒ 부동산 투자는 큰돈이 없어도 할 수 있다.

1억도 안 되는 돈으로 아파트 투자? 말도 안 된다!

⇒ 1억 원으로 아파트 투자할 수 있다.

'부동산 투자'는 특별한 사람들만 한다?

⇒ 투자는 보통 사람들도 한다.

1천만 원 투자는 없다?

⇒ 1천만 원 투자도 할 수 있다.

이렇게 긍정적으로 당신의 생각을 바꿀 수 있다.

그리고 이런 생각을 할 수 있다면 기본 자세를 갖춘 것이다.

은행 대출이나 큰돈 없이도 소액 투자가 가능하다. 무리한 투자를 권하는 것이 아니다. 약간의 여윳돈으로 서울 지역은 3,000~4,000만 원, 경기 지역은 1000~3,000만 원을 투자하면 대출이 필요 없거나 아주 작은 신용 대출만 받아도 된다. 구체적인 예를 들어보겠다. 매매는 2억이고 전세는 1억 7천이라면 3천만 원으로 소유권을 취득할 수 있다. '빌라는 사면 떨어진다.' 우리가 흔히 부르는 '빌라'는 본래는 별장이나 저택의 의미인데, 실제는 다세대주택, 도시형 생활 주택, 연립주택 등을 통틀어 '빌라'라고 부른다. '빌라' 사면 가격이 내려간다는 이야기만 있지, 빌라의 실제 가격을 아시는 분은 많지 않다.

　실제 빌라를 사면 가격이 내려갈까? 서울 지역 빌라는 최근 2~3년 사이에 4,000~5,000 오른 지역도 있다. 물론 모든 지역이 오르는 것은 아니다. 물론 입지가 좋지 않은 곳에 투자한다면 문제가 발생할 수도 있다는 점도 염두에 두어야 한다.

　핵가족화, 1~2인 가족이 늘어나면서 경제적 부담을 줄이기 위해 노부부들이 엘리베이터 있는 신축 빌라를 선호하는 경향이 있다. 실제 필자의 옆집에 사는 60대 후반의 부부도 장차 막내를 결혼시킨 후에는 작은 빌라로 이사할 계획을 갖고 있다.

　지난 〈매일경제〉 2020년 2월 2일 기사에는 서울 지역 단독다세대 거래량이 크게 늘었다는 보도가 있었다. 거래가 늘어났다는 것은 가격이 상승할 수밖에 없다는 것이다.

　보통 신축 빌라는 '거품이 심하다. 사자마자 수천만 원 떨어진다'고 주장하는 이들이 많다. 건축주도 이윤이 남아야 사업을 하는 것은 맞다. 낡은 집을 부수고 신축을 한다. 땅값과 건축비, 인건비 등을 분양가에 책정한다. 실제 건축주와 일을 했을 때 알게 된 사실이다. 대부분의 건축주는 대출을 최대한 받아서 건물을 짓기 때문에 최대한 빠른 분양을 원한다. 분양가 1,000~2,000만 원 더 받자고 한 달이 지연되면 실장 월급에 전기세, 공사비, 은행이자 등 보이지 않는 금융 비용을 고스란히 건축주가 부담해야 한다. 분양가를 시세보다 높게 책정한다면 계속 미분양이 될 것이다. 요즘은 투자자들이 더 똑똑하다. 휴대폰만 있으면 시세 파악이 가능한 세상에 살고 있다.

빌라는 나중에 팔기가 어렵다? 과연 그럴까? 위의 "단독·다가구주택 거래량 역시 크게 증가했다. 지난해 11월 1,259건이 거래되며 전년 동기 (757건)보다 66.3% 늘었다."(〈매일경제〉 2020. 02. 02)라는 기사 내용만 봐도 현실을 알 수 있다.

이처럼 신축 빌라 거래가 활발해지고 있고, 최근에는 내부 구조도 아파트 못지않게 좋다. 학교와 교통·외부 환경이 좋은 지역은 수요층도 탄탄하다. 현재 지어지고 있는 신축 빌라는 주차장 역시 80~100% 확보하고 있다.

좋은 입지의 빌라는 훌륭한 소액 투자처가 된다. 1천만 원만 있어도 투자할 수 있다. 당신도 가능하다.

지난 2월 대법원 경매사이트에 등재돼 있는 물건 중 최소 필요자금 1,000만 원 이하의 매각물건 총 1,466건이었다. 2,000만 원 이하의 매각물건은 총 2,471건 검색되었다.

1억 원 정도로 규모를 좀 더 키워보면 아파트 투자도 가능하다. 경기 수도권으로 시선을 돌리면 전세를 끼거나 약간의 대출을 받아 살 수 있는 아파트가 많이 있다. 전세 시세를 예상하고 자금에 맞는 아파트를 알아보면 그다지 어렵지 않다.

그리고 매매 가격과 전셋값 상승이 어느 정도 예상치에 도달할 때를 매도 타이밍으로 잡으면 된다. 물론 대출 규제 지역 등등 현실적인 법제도 내에서 잘 알아보아야 하는 것은 당연하다.

투자는 보통 사람들도 한다. 보통 사람들도 4주 과정 부동산 투자 교육을 받으면 누구나 투자를 시작할 수 있다. 어렵다고 생각해서 못 하는 것이다.

100억 부자가 말했다.

"내가 부자 되는 방법을 알려줘도 그들은 절대 하지 않아요."

사람들은 말한다.

"알려주지 않은 비결이 있을 거야! 당신이니까 부자가 된 거겠죠!"

부동산 투자도 마찬가지다. "이렇게 하시면 돼요."라고 알려주어도 "그

건 당신이니까 된 거죠. 1천만 원, 2천만 원으로 어떻게 투자해요?"라며 투덜댄다. "강력한 부동산 규제로 다주택자가 되면 세금이 많아지니 투자할 수 없다."라고 말하기도 한다.

그러면 투자 대상을 달리하면 된다. 이를테면 비규제 지역의 상가 같은 것 말이다. 마음에 안 든다고 부동산 정책에 맞서 싸우지 말자. 주택으로 투기하지 말라고 했지, 투자하지 말라고 하지 않았다. 모든 것이 생각의 차이다. 난 할 수 있고, 당신은 할 수 없다? 똑같이 주어진 시간과 돈이라면 누구는 할 수 있는데 나는 왜 할 수 없을지를 생각해보자. 부동산 투자는 아무나 할 수 있다. 생각을 조금만 바꾸면 된다.

지금 당장 부동산 투자의 고정관념을 바꿔라. 생각을 바꾸면 돈은 중요하지 않다.

박카스 1개로 수백만 원 아끼는 방법

필자는 동네 부동산에 방문할 때 박카스를 사서 간다. 특별한 이유는 없다. 습관이 되었을 뿐이다. 우리나라 사람은 껌 하나라도 받으면 언젠가는 갚는다. 그렇다면 박카스 한 병으로 얼마를 아낄 수 있을까? 1천만 원까지 아낄 수 있다고 단언할 수 있다. 하지만 이런 사실을 아는 사람은 거의 없다. 나는 손님들과 만나면 내가 먼저 커피나 음료수를 대접한다. 내가 대접받고 싶다면 먼저 남에게 대접하라. 진정한 부자는 주고, 또 주고, 볼 때마다 준다. 그리고 받을 것을 생각하지 않는다.

당신은 어떤가? 혹시 받으려고만 하지 않는가? 조금이라도 베푸는 삶을 살아보자.

따뜻하고 화창한 날씨였다. 오전부터 전화벨이 울렸다. 투자 물건을 찾는 손님이었다. 나는 시간 약속을 하고 사무실이 아닌 물건지에서 바로 만났다. 물건지에서 손님을 만나고 바로 물건을 보여 드렸다. 손님은 5천만 원 정도로 투자 물건을 찾고 있었다. 소액이라서 빌라를 소개해드렸다. 하지만 손님은 맘에 들어 하지 않았다.

"손님, 현재 물건은 1호선 전철역에서 가깝고 2년 정도면 시세 차익도 3~4천 정도는 예상됩니다. 왜 맘에 안 드세요?"

"상가나 오피스텔도 한번 봅시다."

"그러시면 1호선 라인으로 인천 쪽 물건이 있으니 가서 보시죠."

필자의 차를 같이 타고 인천 오피스텔로 향했다. 가는 도중에 잠시 편의점 앞에 잠시 세워달라셨다. 손님은 양손에 음료수를 가득 사와 건네주었다.

"차에 두고 목마르실 때마다 드세요."

'아, 고수다!' 이런 분들 만나면 말하지 않아도 내공이 느껴진다.

대부분의 사람은 속된 말로 '결정 장애'가 있다. 하지만 이런 분들은 대부분 본인이 판단해서 바로 결정하기 때문에 좋은 물건 2개 정도만 보여

드린다. 인천 오피스텔에 도착했다. 내가 보기에는 좋은 물건이었다. 초등학교가 눈앞에 보이고 교통도 좋았다. 현장에 도착해서 그 현장 실장님께 브리핑을 부탁했다. 그런데 남향 쪽 라인이 전부 계약 끝났다는 것이다. 나는 3일 전에도 있었는데 어떻게 그렇게 빨리 계약되었냐고 물었다. 실장님은 어제 투자자가 와서 남향 라인 15채를 전부 계약하고 갔다고 했다. 역시 좋은 물건은 누구에게나 똑같이 좋아 보인다. 최근에 부동산 전문가가 투자자들을 관광버스에 태우고 와서 인천 지역 좋은 물건은 모두 사 갔다는 것이다.

손님은 아쉬워하며 발길을 돌려야 했다. 아무리 좋은 물건도 내 것이 되려면 운도 따라 주어야 했다.

광고를 보고 전화하신 60대 손님 이야기다.

"내가 꼭 사장님한테 살 거니까, 집 좀 많이 보여줘요."
'무슨 말씀이지? 좋은 집으로 몇 개 보시면 되는데, 집 좀 많이 보여달라는 말은 이해가 안 가네.'

손님은 만날 때마다 커피가 아닌 점심을 사주셨다. 그다음 날에도 계속해서 점심 또는 저녁을 사주셨다. 이렇게 손님은 나에게 '싸고 좋은 물건 찾아다오.'라는 간절한 마음의 메시지를 보내고 계셨다.

다음 날 약속을 잡고 손님을 모시고 목동, 신정동, 화곡동, 신월동, 고강동, 춘의동, 원종동 등 집들을 모두 보여드렸다. 매일 2~3시간씩 한 달이나 모시고 다녔다. 하지만 손님은 맘에 드는 물건이 없다고 하셨다. 이걸 어쩌나? 더는 보여 드릴 게 없었다. 신축, 구옥, 아파트 모두 보여드렸는데 맘에 드는 게 없다 하시니 답답했다. 마지막 날 부동산 사무실 근처에 못 보던 현수막이 보였다. 신축 빌라 ㅇㅇㅇ 분양. 손님 저기 한번 가볼까요?

공사가 마무리되지 않은 신축 빌라에는 분양사무실 사람도 없고 전화번호도 없었다. 한참을 주인도 없는 집을 구경하는데 손님 눈빛이 확 변했다.

"이 집 맘에 든다."

"어머님, 제가 보기에는 별로인데요."

"아니야, 내가 살기 딱 좋아."

그렇게 얘기하는 중에 건축주분이 오셨다. ㅇㅇ호 분양가를 물으니 1억 5천이라고 했다. 바로 계약하자고 자리를 잡는데, 건축주가 "잠깐만요." 하더니 잠시 나갔다. 잠시 후 돌아온 건축주는 분양가를 1,000만 원 올리겠다고 했다. 시세 조사가 아직 안 끝났는데 와서 가격을 잘못 말했다는 것이다. 돈 욕심에 가격을 이랬다저랬다 하는 사기꾼 건축주가 얄

미웠다. 그런데도 손님이 계약하자는 것이었다. 이러면 내가 말려야 하는 건지, 상황 정리가 필요해보였다. "손님, 잠시만 기다려주세요."라고 말씀드리고 건축주 사장님과 가격 협상을 했다.

"가격을 그 자리에서 올리는 이런 경우는 없다. 이런 식으로 장사하면 이 동네에서 집 한 채도 못 판다."

협박 아닌 협박으로 1,000만 원을 다시 내려서 계약을 진행하기로 했다. 물론 손님도 흡족한 마음으로 계약을 진행했다.

손님은 빌라 한 채를 이미 보유하고 있었으나 엘리베이터 없는 4층이라고 했다. 정기적으로 투석을 받는 남편 때문에 엘리베이터 있는 빌라를 원하신 것이었다. 신장 투석은 너무나 고통스러운 치료다. 같이 점심을 먹을 때는 혈색 좋고 기분 좋아하셨는데, 신장 투석을 받고 오시는 날에는 반죽음 상태로 말씀도 거의 없이 집에서 누워만 계신다고 하셨다. 돈이 부족하니 손님은 살던 빌라 전세를 놓아 달라고 하셨고, 하루 만에 전세 세입자를 맞춰드리고 부족한 부분은 대출을 진행하기로 했다.

○○법무사에서 전화가 왔다.

"손님 신용이 8등급이라서 대출 어렵습니다."

"신용 좋다고 하셨는데 왜요?"

○○ 은행에 1천, 00카드 1천, 현금서비스 100, 새마을 1천, 카드 대출 500만 원. 전체 금액은 얼마 안 되는데 급하다고 여기저기서 편하게 급전을 쓰셔서 신용 등급에 빨간불이 켜진 것이었다. 60대 중반 여성 연봉이 7천만 원 가까이 된다고 하셔서 대출은 걱정하지 않았는데 신용등급이 발목을 잡았다. 해결 방법은 카드론, 소액 대출을 모두 갚고, 신용등급 상향 조정 요청하고 할 일이 많았다. 결국, 지방은행에 요청해서 대출을 실행시켰는데도 신용 등급이 걸려 약간의 돈이 부족하게 되었다. 어쩔 수 없이 마이너스 통장을 추가로 받아서 문제를 해결했다. 3년 뒤 저금리로 바꾸기로 하고 일단 급한 불부터 끄기로 했다.

손님과 이렇게 인연이 되어 이후로도 한 달에 2번은 만났다. 만날 때마다 고맙다고 맛있는 음식을 사주셨다. 그리고 서너 달이 지나서 다급하게 전화를 하셨다.

"이거 문제 있는 거 아니에요?"

확인을 해보니 준공도 떨어지기 전에 계약하고 입주까지 하는 바람에 건물주(건축주) 사장님이 주차장을 줄이고 상가를 만들어놓았는데, 현행법상 현재 사는 주민(손님)의 동의서가 필요하게 된 것이다. 동의서 없이는 시청에서 허가가 안 떨어지니 건물주는 손님께 한 200만 원 줄 테니 사인해주라는 내용이었다. 필자는 손님과 시청 건축과에 방문해서 손님한테 생길 수 있는 문제점은 없는지 확인해보았다. 시청 담당자가 "불법은 아니고요, 어머니가 사인해주시면 전혀 문제가 안 돼요."라고 말했다. 피해가 될 것은 없다는 말에 필자는 다시 물었다.

"그런데 왜 우리 어머니 사인이 필요한 거죠? 그럼 사인 안 해주면 어떻게 되나요?"
"그럼 상가를 팔 수 없습니다."

알았다고 하고 시청을 빠져나와 손님과 나는 점심을 맛있게 먹으며 이야기했다.

"건축주가 계약하자고 하니 그 자리에서 1천만 원 올렸던 거 기억나시죠?"
"기억나지! 그 영감탱이 못된 심보."
"그럼 1천만 원 안 주면 절대 안 된다고 하세요."
"알았어!"

손님은 결국 1천만 원을 건물주에게 받아냈고, 여전히 그 집에서 잘 살고 계신다. 이 손님은 점심값과 커피값 몇 푼으로 필자의 마음을 얻어 빌라를 2천만 원을 깎아서 산 결과를 만들어냈다. 이후 손님이 아닌 어머니로 호칭이 바뀌었고 어머님은 볼 때마다 맛있는 음식을 사주셨다. 글을 쓰는 지금도 손님 아니, 어머니와 한 달에 1~2번 점심식사를 같이 한다.

인생은 서로 돕고 사는 것으로 생각한다. 삶의 지혜는 이런 것이다. 적은 돈으로 상대의 마음을 살 수 있다면, 당신은 기대 이상의 이익을 얻게 될 것이다. 나는 손님들과 만나면 내가 먼저 커피나 음료수를 대접한다. 진정한 부자는 주고, 또 주고, 볼 때마다 준다. 그리고 받는 것을 생각하지 않는다.

"당신도 대접받고 싶은 만큼 남을 대접하라."

06 소액 투자 알짜 부동산을 찾아라

　소액 투자에는 신축 빌라 투자도 있다. 전세 레버리지를 이용한 방법
이다. 서울 지역 신축 빌라도 3천~5천이면 매매와 전세 수익을 창출할
수 있다. 자세한 내용은 4장 최소 자금으로 최고 자산을 공략하는 8가지
기술에서 다루도록 하겠다.

　소액 투자 알짜 부동산을 찾는 방법은 공부가 필수다. 소액 투자는 경
매를 따라올 게 없다. 경매 투자는 기본에 충실하게 한다면 상당한 이익
을 기대할 수 있다. 두려워하지 말고 도전하시라. 그래야 지금보다 더 안
정적인 경제적 자유를 얻을 수 있다.

　빌라 경매를 어떻게 생각하는가? 혹시 빌라라서 망설여지나? 나는 매

우 합리적인 방법이라고 생각한다. 빌라를 싸게 사면 된다. 철저하게 준비하고 알짜 부동산을 찾아 입찰에 참가한다. 필자는 빌라 투자도 좋다고 생각한다. 빌라는 토지를 보고 하는 것이다.

수익이 있다면 종류를 한정하지 말고 부동산 투자를 시도해보자. 빌라 경매는 소액 투자도 가능하다. 자본금이 작다면 실투자금 1,000~5,000만 원으로 시작할 수도 있다. 실제 인천 지역이나 서울 외곽으로 지역을 확대해보면 소액 투자할 수 있는 물건이 많다. 1억 미만 빌라 투자 시 최악은 임차인이나 매수자를 못 찾는 경우이지만 수도권 수요는 항상 넘치고 있으니 그다지 걱정할 것은 없다. 시세가 1억 2천만 원인 빌라를 1억 원에 낙찰받아 대출을 일으켜 경락잔금을 치렀다. 1억 원을 대출받았다면 월 이자 10만 원, 일 년 120만 원 정도가 필요하다. 1~2년 후에 시세가에만 팔아도 시세 차익 1~2천만 원 정도 만들 수가 있다.

당신은 어떤가? 투자할 것인가? 망설이다 시간만 보낼 것인가? 이제는 결정해야 한다. 시간은 돈이다. 지나간 시간은 되돌릴 수 없다. 최종 판단은 본인 몫이다. 누군가가 당신의 노후를 책임지지 않는다. 현시점에서 저축으로는 이자 수익을 기대하기 어렵다.

부동산 경매로 5천만 원짜리를 3,600만 원에 낙찰받았다. 그러면 1,400만 원 이득이다. 물론 이 금액이 전부 남는 게 아니다. 이런저런 세금을 감안해야 한다. 1년에 1인당 250만 원 세금 공제받는다. 무주택자는 취·등록세 법무비 추가 공제받고 10~20%만 낸다. 그리고 매매를 한다면 2달 사이에 1천만 원 남는다. 1년에 4번만 해도 4천만 원 남는다. 어떤가? 간단한 방법이다.

1년에 한 번 기본 공제, 법무비, 중개 수수료, 취득세, 양도세 절세, 대출 방법을 알아보자.

대출은 최대한 대출 금액이 많이 나오는 곳으로 진행한다. 중도상환 수수료가 낮은 곳으로 한다. 이자율도 계산해서 낮은 이자를 받을 수 있는 곳으로 한다. 1년 거치(대환대출 가능) 가능한 곳으로 한다. 부가거래를 요청하면 들어준다. 농협(지역)이나 새마을금고 등 대출이 많이 나오는 곳을 찾거나 대출 알선 상담사에게 문의하면 도움받을 수 있다. 대출금은 갚는 게 아니다. 최종적으로 나온 대출에 대해 법무비 견적서를 받아야 한다. 송달료나 말소 비용 얼마 나오는지 확인해야 한다. 나머지는 은행에서 나에게 직접 온다. 일 처리가 끝나면 법무사에서 등기증을 우편으로 보내준다.

대출을 최대한 많이 받으면 내 돈 없이 집이 생기고 매월 30만 원씩 들어오는 월세 수익이 생긴다. 시세 차익 올리고 집 팔아서 빚 갚으면 된다. 대출이 중요하다. 내가 많이 경험해봐야 한다. 빌라는 인근 부동산 매매가 시세를 확인해서 경매를 진행한다.

낙찰받았는데 명도는 어떡할 것인가? 낙찰을 받은 후도 중요하다. 세입자가 있으면 최대한 부드럽게 일을 처리한다. 인감과 명도이전 확인서는 짐을 다 빼고 주는 게 유리하다. 서로 양보하면서 명도이전 각서를 쓰는 경우도 있다. 명도이전 합의각서에는 해당 날짜, 이전을 안 할 때 투자에 대한 기회손실 비용을 00 청구하겠다는 내용을 담는다. 월세를 일할 계산으로 해서 받는다는 각서와 인감증명서를 받는다. 한 달 이후에 이사하는 경우 이사할 집에 대한 계약서나 잔금을 넣은 증빙서류까지 보내 달라고 요구한다. 이사하는 데 차질 없게 해달라고 요청하면 명도는 끝난다. 법적으로 최종 잔금 납부 시 부동산 소유가 된다.

명도 상세내역

세입자에게 시간 배려를 하고 세입자도 배려해서 각서를 쓰도록 한다. 잔금 납부일 1달 뒤에 배당일이 잡힌다. 최우선 변제금액으로 받는다. 배당금 요청 시 명도 확인서를 제출해야 한다. 잔금 납부하면 소유권 이전이 된다. 집이 모두 비워진 상태에서 명도 합의서를 드리는 게 맞다. 하지만 집을 아직 못 구했으니까 배당받고 1달 정도 후에 이사해주시면 될 것 같다고 말한다. 사실 합의서는 잘 안 쓰는데 배당받고 오리발 내미는 분들이 계시기 때문에 꼭 받아둔다. 합의각서는 배당받고 1달 후에 이사가 되지 않을 때 일할 계산으로 청구하겠다는 내용이다. 법원에서 배당받는 법을 알려준다. 다음에 문의 사항 있으면 언제든지 연락해주라고 하면 된다.

아파트는 시세가 정해져 있다. 아파트는 향후 호재가 있는 곳, 공급과 수요가 이루어지는 곳에 투자한다. 빠른 매도를 해서 수익을 올린다. 실투자금 500만 원으로 월세 30만 원씩 나오면 년 360만 원의 수익이 생긴다. 같은 방법으로 투자를 계속한다. 대출을 최대한 많이 받아서 수익을 극대화하고 나중에 집 팔 때 갚으면 된다. 남은 자금으로 또 다른 투자를 통해 수익 창출을 해야 한다. 수익을 다변화시킨다는 게 핵심이다.

대출의 레버리지를 적극 활용하라. 부자들은 대출 레버리지를 이용한다. 낙찰받은 물건을 인근 부동산에 30군데 이상 전화해서 내놓아야 한다. 연락이 없을 때는 2주 단위로 부동산에 다시 전화한다. 내 물건 관련 월세 30만 원짜리 있는지 물어보는 센스가 있어야 한다. 매매가는 팔고자 하는 금액에서 500만 원 정도 올려서 이야기한다. 월세랑 매매 2가지 중 빠른 거로 해달라고 미리 부동산에 이야기해놓는다. 다방, 직방, 피터팬 등 부동산 어플, 온라인사이트에도 직접 사진 찍어 올려놓으면 된다. 이렇게 발품, 손품을 많이 팔아서 광고한다면 빠른 거래가 이뤄질 수 있어 이자 부담을 줄일 수 있다.

경매의 본질이란 싸게 사야 한다. 무조건 싸게 사야 한다. 2,000~3,000만 원 싸게 사야 한다. 대신 돈 되는 물건을 보고, 물건의 권리상의 하자가 없어야 한다. 이런 교육은 한 번 배우면 평생 재테크 도구로 사용할 수 있다. 카페에 가입하고 질문해도 된다. 문의하시면 친절히 답변해드리겠다.

월급쟁이라면 소액 투자가 답이다

서점에 나가보면 수많은 부동산 지침서가 나오고 있지만, 진짜 소액 투자자들을 위한 책은 찾아보기 힘든 것 같다. 현실을 무시한 뜬구름 잡는 이야기도 있다. 소액 투자라고 해서 보면 1~2억을 소액이라고 한다.

1,000만 원으로 투자할 수 있는 방법은 없을까? 좋은 투자 방법으로 '빌라 투자'를 추천한다. 그런데 주변 사람들이 빌라 투자한다고 하면 반대할 것이다. 돈을 조금 더 주고 아파트에 투자하라는 사람도 있을 것이다. 물론 아파트가 좋다. 그럼 현실은 어떻게 할 것인가? 돈은 어떻게 만들어 올 것인가? 조언도 좋고, 걱정도 좋지만 그런 식의 이야기는 도움이 되질 않는다.

재미있는 것은 신축 빌라는 지으면 대부분 2~3개월이면 완판된다는 사실이다. 모두 투자하지 말라고 말리는데 누가 사는 걸까? 모두 바보라서 사는 걸까? 최근 서울 지역 신축 빌라는 건물이 다 지어지기 전에 도면만 보고 분양이 될 때도 있다. 그렇다면 그들만 알고 있는 비밀은 무엇일까? 아파트와 빌라를 비교해보겠다.

부동산 투자의 중심은 아파트일 것이다. 우리나라에서 아파트로 성공한 사람들은 쉽게 볼 수 있다. 아파트 수십 채로 돈을 벌었다는 성공담도 많이 나온다. 그러나 정부는 강력한 투기 수요 억제책을 내놓으며 연달아 후속 규제, 투기 수요 차단을 통한 실거주자 위주의 주택 시장 안정화 정책을 펼치고 있다.

많은 투자자들이 앞으로 아파트 투자 전망에 먹구름이 끼었다고 전망한다. 아파트 투자는 어려울 수 있다. 왜냐하면, 정부에서 조정대상지역 내 다주택자의 주택담보대출 규제를 대폭 강화했기 때문이다.

주택 보유 수에 따라 대출 한도는 다르게 책정된다.

1주택자 : 투기/투기과열지구 40%, 조정대상지역 60%, 기타지역 70% 한도 내에서 가능

2주택자 및 다주택자 : 투기/투기과열지구/조정대상지역 1억, 기타지역 60% 한도 내에서 가능

3월부터는 조정대상지역 3억 원 이상 주택 거래 시 자금 조달 계획서 제출도 의무화된다.

서민 실수요자를 위한 내 집 마련 지원 상품인 디딤돌대출, 보금자리론의 경우 LTV 규제 비율을 최대 70% 유지한다는 예외 규정이 있다.

빌라는 어떨까? 빌라는 가격 자체가 아파트와 비교가 안 된다. 소액으로 가능하다는 얘기다. 빌라는 매매가나 전세가가 별 차이 없는 경우가 많다.

몇 년 전에는 매매 가격과 전셋값의 역전이 일어나기도 했다. 빌라 한 채를 사면 1천만 원을 돌려받았다. 손님 중에 실제로 이렇게 갭투자로 100채를 매수하신 분이 계셨다. 처음에는 슬리퍼 신고 나오셨는데 1년 뒤에는 벤츠 타고 계약하러 오셨다. 물론 이런 투자는 절대 해서는 안 된다. 집값이 하락하게 되고 전세금을 감당할 수 없으면 손해를 보게 된다. 2년 뒤에는 전세금 반환을 해야 하는데 자금 흐름에 문제가 생겨서 발생하는 것이다.

이런 식의 무리한 투자를 하라는 것이 아니다. 내가 감당할 수 있는 범위 내에서 투자해야 한다. 입지가 좋고, 교통망 확충되고, 양질의 일자리가 증대되고, 시세 상승이 기대된다면 투자를 한다.

여기서 중요한 점, 그러면 빌라는 얼마의 갭투자를 해야 할까? 나는 3천 정도면 좋다고 생각한다. 갭 차이가 3천만 원 이하라면 신축 빌라는 거품이 있다고 볼 수 있다. 하지만 이 금액이 모든 지역에 동일하게 적용되는 것은 아니다.

무조건 빌라가 좋다는 것이 아니다. 돈이 많다면 아파트 투자도 활용할 수 있지만, 소액이라면 빌라 투자가 좋다고 생각한다.

소액 투자 오피스텔도 있다. 정부에서 발표되는 부동산 정책 이후 아파트를 대체할 목적으로 오피스텔을 찾는 분들이 늘어났다. 오피스텔을 투자하는 유형을 살펴보면, 월세 수익과 임대 차익을 목표로 투자하는 분들이다. 오피스텔은 주택과 다르게 사무용으로 매입할 경우 일반 과세자는 사업자등록을 하고 부가가치세를 환급받을 수 있다. 주택은 받을 수 없다. 대신 취득세 감면 혜택을 받을 수 있다.

오피스텔 투자 시 꼭 알아야 하는 사항이 있다.

오피스텔을 주거용으로 사용하게 되면 조정대상지역에서는 주택으로 처리된다. 1가구 2주택이 될 수 있다는 말이다. 그러면 다른 주택이나 오피스텔 매매할 때 양도소득세 세율 10~20% 가산되고 장기보유 특별공제도 전혀 안 된다. 그뿐 아니라 종합부동산세도 영향을 받는다. 주택이 2채가 되면 양도세와 종부세도 불이익이 생길 수 있다. 오피스텔 투자는 가격 상승을 기대하기 조금 어렵다. 그래도 하고 싶다면 이렇게 조언하고 싶다. 빌라 1채와 오피스텔 2채를 투자해서 상호 보완을 하라고 충고

하고 싶다. 빌라는 전세 레버리지 이용하고, 오피스텔 2채에서는 월세를 받는 것이다.

　토지 투자가 있다. 이 경우 10년, 20년 장기전으로 가야 한다. 노후에 연금을 받는다는 생각으로 투자해야 한다. 토지는 여유 자금이 있는 사람만 해야 한다. 대출받아 이자를 10년 이상 낼 수는 없지 않겠는가. 세금도 내야 하기 때문이다.

　소액으로 토지에 투자하고 싶다면 방법이 없는 것은 아니다. 벽돌집으로 된 빌라 투자를 하면 된다. 왜냐하면, 벽돌집은 30년 되었다는 이야기다. 좋은 땅의 지분을 가지고 있는 빌라를 찾아라. 땅값이 오르기 전까지 수익을 창출해 낼 수 있고 기다리면 재건축으로 땅이 보답한다.

　앞서 말한 투자로 성공했다면 꼬마 빌딩 투자도 해볼 만하다. 대출 규제와 세금 중과 등 규제가 이어지면서, 부동산 투자자들이 꼬마 빌딩의 인기가 계속될 것이라고 예상한다. 〈헤럴드경제〉 2020년 2월 27일 기사에는 꼬마 빌딩 거래량이 상승하고 있다는 보도가 있다.

　아파트 투자를 누르니 꼬마 빌딩 거래량이 증가했다는 것이다. 꼬마 빌딩은 보유세와 양도소득세 중과 대상에서 배제되어 투자적으로 유리하다는 내용이다.

서점에 나가보면 수많은 부동산 지침서가 나오고 있다. 진짜 소액 투자자들을 위한 책은 찾아보기 힘든 것 같다. 현실을 무시한 뜬구름 잡는 이야기도 있다. 소액 투자라고 해서 보면 1~2억을 소액이라고 한다. 1,000만 원으로 투자할 수 있는 방법은 없을까? 좋은 투자 방법으로 '빌라 투자'를 추천한다. 그런데 주변 사람들이 빌라 투자한다고 하면 반대할 것이다. 돈을 조금 더 주고 아파트에 투자하라는 사람도 있을 것이다. 물론 아파트가 좋다. 그럼 어떻게 할 것인가? 돈은 어떻게 만들어 올 것인가? 종잣돈을 만들어 소액으로 시작하는 경매 투자와 전세 레버리지를 이용한 빌라 투자 등 월급쟁이는 소액 투자가 답이다. 다주택 투자가 어렵다면 상가와 OP에 투자하는 것도 방법이다. 안전하게 투자하고 이익을 얻을 방법을 하나씩 찾아서 실천하라. 그러면 당신은 어느새 부의 추월 차선에 있을 것이다.

꼭 멘토에게 조언을 구하라

소형 빌라로 돈을 버는 사람과 벌지 못하는 사람의 차이를 아는가? 정확한 시세와 물건의 수요를 파악해야 돈이 된다. 어떤 물건은 화려해도 수요가 없어 공실로 오래 있게 되고 자금 흐름에 문제가 되기도 한다.

누구에게나 멘토가 있다. 필자의 첫 멘토는 책이었다. 부동산 책을 읽고 다양한 지식을 찾았다. 그다음 멘토는 빌라 전문가 사장님이었다. 빌라로 돈을 버는 방법을 구체적으로 알려주셨다. 책에서는 이런 노하우까지 배울 수는 없었다.

내가 일하던 부동산 사장님은 빌라 전문가였다. 빌라 부지를 작업해서 건축주에게 파는 일을 하시고, 부업으로 경매를 취급했다. 신축 빌라 부

| 월급쟁이를 위한 부동산 투자 스쿨

지를 찾아 작업을 하실 때는 보통 아침 일찍이나 오후 늦게 하셨다. 예외로 휴일에도 작업하신다. 집주인들을 하나씩 만나서 세상 이야기도 들어주고, 막걸리를 한잔씩 나누기도 하셨다. 그 지역 신축 빌라 부지는 거의 다 이 사장님을 통해 진행되었다. 필자가 보기에는 별다른 노하우는 보이지 않았다. 그냥 사람 만나서 사는 이야기하다가 계약서에 도장 받아 오셨다. 나중에 알게 되었지만, 끈기가 그분의 비결이었다. 부지 확보 작업은 한 건 하는데 1년이 더 걸릴 때도 있었다. 그에 대한 보답은 엄청난 수익으로 돌아왔다.

하루는 사장님이 부르셨다.

"법원 갈 건데 같이 갈까?"

그분은 소형 빌라만 100여 채 갖고 계신 분이었다. 경매장에 도착해서 미리 써온 입찰서를 제출하고 순서를 기다리고 있으면서 알려주셨다. 요즘은 학원에서 경매 연습을 하러 온다는 거였다. 이해가 안 되었다. 경매면 경매지 연습은 뭐지? 경매를 가르치는 강사와 수강생들이 체험학습으로 경매하러 와서 이익도 별로 없이 그냥 연습 삼아 매매가를 높여 낙찰받아 간다는 것이었다. 이해할 수 없었으나 가진 돈을 어디 투자할 곳이 없으니 경매 물건을 알아보고 임장하고 수강생들과 어울리기 위해서 500만 원 정도만 남아도 무조건 투자한다고 하시며 말씀하셨다. 부동산 투자에 정답은 없다. 투자 방식의 차이였다.

그들이 사는 세상과 사장님이 사는 세상은 달랐다. 돈 버는 사장님은 전혀 다른 투자 방법을 사용하고 있었다. 부동산 사장님 투자 방식은 정확한 시세 파악과 수요를 파악하시고는 법원 사이트에서 물건을 확인하고, 해당 물건을 직접 가서 확인하고 위치와 주변 환경을 살펴서 적정한 가격을 매기고 경매 가격을 전날 정해서 미리 쓰고 경매 당일 입찰하는 것이었다. 낙찰받은 물건은 약간의 수리로 낙찰가보다 비싼 가격에 전세를 맞추고 시간이 지나 수익률이 3~4천만 원 이상 났을 때 매도했다. 물론 부동산까지 하시니 그 동네 시세는 누구보다도 자세히 알고 있었다. 그리고 경매로 받은 물건 중 처리하기 어려운 물건은 손님들에게 투자 기회를 주기도 했다. 사장님을 따르는 몇몇 투자 손님들에게 약간의 시세 차액을 남기고 넘겨주었다.

이렇듯 빌라 전문가는 똑같은 물건으로 수익 창출하는 다양한 방법이 있다. 그분은 나의 멘토가 되었다.

당신은 소액 투자로 얼마를 벌기 원하는가? 500~1,000만 원 혹은 3,000~4,000만 원 수익을 원하는가? 성격 급한 초보일 경우는 멘토부터 찾는 게 좋겠다.

금요일 저녁에 부동산에서 술판이 벌어졌다. '여기서 이러시면 안 되는

데.'라는 생각이 들었다. 하지만 사장님은 신경 쓰지 않았다. 한 번 사는 인생인데 즐겁게 살아야 한다고 했다. 조금 취하셨다. 그러고는 모 건축주 회장에게 전화를 거셨다.

"회장님, ○○ 부동산입니다. 다음 주에 찾아뵙겠습니다."

다음 주가 되었다. 사장님은 갈 곳이 있다며 필자를 포함한 일행들을 태우고 펜션으로 차를 몰았다. 자기가 사는 방법을 보여주고 싶어 하셨다. 인생 철학을 알려주고 싶었던 것이었다. 펜션에 도착했다. 그리고 우리를 기다리게 하고 혼자 들어갔다 나오셨다. 여기는 건축주 회장님이 운영하는 펜션이었다. 지난번 빌라 부지 소개로 회장님은 많은 돈을 벌었고, 답례로 놀러와서 쉬다 가라는 것이었다. 이렇게 펜션에 오게 되었고 사장님이 돈 버는 이야기를 해주셨다.

"사실 말이야, 부동산이라는 놈은 기다릴 줄 알아야 돈을 벌 수 있어. 조급하면 돈 벌기 어려워."

그리고는 말없이 소주를 마셨다. 사장님이 보시기에 내가 조급해 보였나 보다. 그리고 경매 이야기를 해주셨다. 천만 원으로 시작한 투자 이야기였다. 처음에 지하 빌라를 경매로 받은 뒤 직접 수리해서 되팔기를 계속한 결과 현재의 자신이 되었다는 말씀이었다.

투자하면 보통 예금, 주식, 부동산이 있다. 자산의 3요소라 부른다. 사장님은 안정성과 수익성 환금성 3가지 특성에 맞춰 비교해주셨다.

예금은 안정성과 환금성이 좋다.
주식은 수익성과 환금성이 좋다.
부동산은 안정성과 수익성이 좋다.

그럼 어떤 것에 투자해야 좋을까? 수익성과 안정성이 좋은 부동산 투자를 해야 한다. 우리나라는 땅이 작고 인구 밀도는 높으며, 전세 제도를 이용한다면 실제 거주하지 않고 무이자 대출과 같은 효과를 얻을 수 있다는 것이었다.

경제가 단기간에 급등하면서, 높은 인플레이션으로 화폐 가치 하락 폭이 커지면 실물 자산인 부동산에 투자 열풍이 불었다고 하셨다. 투자와 행복을 동시에 추구한다면 지금 바로 부동산 투자를 해야 한다는 것이었다.

현재 경제 체계는 화폐를 통한 가치 교환을 통해 이루어진다. 하지만 돈의 가치는 시대와 전 세계 경제 환경에 의해 변한다. 쉽게 말해, 돈의 가치가 오르고 내린다는 것이다. 물가는 시간 대비 상승하고 있고, 연봉은 제자리걸음을 하고 있다.

예를 들어 현금자산 예금 금리 1%대인데 물가 상승률은 3%라고 한다면 벌써 −2% 손실을 보게 된다. 빈부의 차이는 현재 가진 자산을 어떻게 관리하느냐에 따라 결정된다고 생각한다. 마이너스 금리 시대에는 현금 자산보다는 부동산 투자를 해야 하는 이유이기도 하다. '내가 왜 부동산 투자를 해야 하는가? 어떤 부동산 투자를 해야 하는가?'도 생각해야 한다.

멘토를 구하기 어렵다면 책에서 멘토를 찾아라. 멘토는 객관적으로 바라봐주는 사람이다. 제일 중요한 것은 정확한 목표와 목적이 있어야 성공할 수 있다는 점이다. 현명한 부동산 투자를 통해 부동산으로 제2의 월급을 창출하게 될 것이다. 혼자 가기 어렵다면 멘토가 있어야 한다. 멘토가 없다면 내가 운영하는 카페에 도움을 요청하기 바란다. 성심껏 도와주겠다.

Real Estate Investment School

3장

절대 실패하지 않는
부동산 투자 방법 9가지

01 싸게 사라, 무조건 싸게 사라

투자는 미래의 가치를 구매하는 것이다. 미래는 누구도 알 수 없다. 우리는 불확실한 가치에 투자해야 한다. 부동산 리스크는 매매 후 가격이 하락하는 것이다. 투자를 통해 손실을 줄이는 방법은 없을까? 있다. 부동산 투자의 핵심 무조건 싸게 사라는 것이다. 싸게 산다는 것은 투자 수익을 높일 수 있는 최고의 방법이다.

그럼 얼마에 사야 싼 물건일까? 급매가의 10~20% 정도면 최상의 물건이라고 할 수 있다. 부동산은 무조건 싸게 사야 한다. 급매 아파트와 오피스텔 상가, 경매에 나와 여러 번 유찰된 부동산, 미분양 매물 중 할인 폭이 큰 아파트 등을 고르면 된다.

경기도는 도시재정비위원회를 열어 '재정비촉진계획'을 조건부 가결했다. 이 계획은 일명 '소사 뉴타운' 개발사업으로 부천 소사본동과 괴안동 심곡 본동 일대에 3만 2천여 가구를 짓고 각종 기반시설을 확충하는 내용이었다. 2007년 빌라를 사고 몇 달 지나자 소사 뉴타운이라는 소식이 나왔다. 알아보니 우리 집과 공원 앞쪽으로 개발된다는 것이었다. 인근 부동산에 가서 물어봤다.

"사장님, 우리 집 가격도 오르나요?"
"평수에 따라 다르긴 한데 그 지역 2천만 원 올랐어요."

올랐다는 소리에 기분이 날아갈 것 같았다. 3달 만에 2천만 원이면 1년 지나면 얼마가 오르는 거야? 집에 와서 아내에게 기쁜 소식을 전했다.

"우리 집 2천만 원 올랐대. 전철역도 가까워서 그런가 봐. 오늘 아들 데리고 외식하러 가자!"

우리 가족은 즐거운 한때를 보냈다. 당시 뉴타운은 '황금알을 낳는 거위'로 통했다. 선거철이면 정치인들이 뉴타운 지정 공약을 남발했고, 나는 뉴타운 지정만 되면 땅값이 뛰고 집값이 오를 거라는 생각에 곧 시세 차익을 남기고 빌라를 팔아 아파트로 이사할 궁리만 했었다. 전철역 바로 앞부터 조금씩 공사가 시작되는 듯했다. 하나둘씩 집들을 부수기 시작했다. 빌라 사람들의 70%가 이사하였다. 우리도 이사하려고 했으나 아직 돈이 부족한 상태라서 조금 더 기다리기로 했다. 조금만 더 오르면 팔고 아파트로 이사하려는 계획이었다.

'부천시 뉴타운 지구 해제 검토'라는 소식이 뉴스로 전해졌다. 소사지구의 경우는 26개 구역 중 13개 구역에서 뉴타운 해제되었다. 우리 집 근처가 포함되었다. 부동산으로 달려갔다.

"사장님, 그럼 어떻게 되는 거예요?"
"가격이 다시 내려갑니다."

나의 계획은 이렇게 무산되었다.

빌라를 살 때도 똑같다. 교육, 교통, 일자리, 주변 환경, 정부 정책 등이 중요하다. 투자의 기본은 아파트나 빌라나 똑같이 중요하다. 지렛대를 이용하면 작은 힘으로 큰 물건을 가볍게 들어 올릴 수 있다. 부동산을 살 때 레버리지를 활용하면 몇 배의 수익을 내며 수많은 부동산 재벌을 만들었다. 아파트 55채를 샀다며 책을 쓴 작가 겸 투자자도 있을 정도다. 물론 성공한 사람들이 책을 쓰고 있지만, 아파트는 사면 대부분 가격이 오른다. 빌라도 대부분 오르지만 그렇지 않은 물건도 있으니 부동산 보는 눈을 키우는 것도 중요하다.

빌라를 싸게 사는 첫 번째 방법은 토목공사, 그러니까 땅파기 할 때 도면만 보고 사는 것이다. 이 경우는 건축주를 잘 알아야 가능하다. 건축주와 친분이 있는 경우라면 가격 협상이 가능하다. 왜냐하면, 건축주가 돈이 필요한 시점이라면 가격 흥정이 가능하기 때문이다. 이렇게 살 때는 10~20%까지 싸게 살 수도 있다. 처음부터 3억짜리를 20% 할인받아 2억 4천에 살 수 있다. 그렇게만 살 수 있다면 당신은 전세 레버리지를 사용해서 3억짜리 집을 10채도 살 수 있다. 이럴 경우 한 채당 6천만 원 싸게 사면서 소개해준 사람의 수고를 잊지 말고 보답하기를 권한다. 건축주들의 자금 사정을 잘 파악하고 있는 필자와 같은 현장 전문가에게 도움을 받는다면 여러 면에서 유용한 투자 정보를 얻을 수 있다.

이것이 진정한 '무피투자'다. 3억짜리 빌라를 2억 4천에 분양받아 전세를 2억 5천만 원에 놓으면 내 돈 없이 투자할 수 있다. 물론 아무나 할 수 없다. 혹 재수 없게도 사기꾼에게 당해 피눈물을 흘릴 수도 있다는 점을 기억하자.

단순 계산으로 3천만 원 싸게 살 수 있다면 10채면 3억이 된다. 시스템을 만들어서 투자를 계획적으로 해보자. 이런 투자는 불경기가 와도 부동산 하락 시장에서 경쟁력이 있는 투자 방법이다. 절대 실패하지 않는 투자 방법이다. 이런 정보를 아는 부동산 전문가는 거의 없다. 이런 도움이 필요한가? 돈은 있는데 다주택 규제 때문에 투자하기 힘이 든다면, 네이버 카페 '한국부동산투자협회'에 가입하고 컨설팅 요청해라. 성심성의껏 도와드리겠다.

전세 끼고 레버리지를 극대화하라

전세 끼고 레버리지 극대화하는 전략은 매우 효과적이다. 웬만한 투자 관련 서적을 보면 언급되어 있다. 전세 레버리지 전략은 '갭투자'로 불리기도 했다.

전세 레버리지 극대화를 시키는 방법은 말처럼 쉽지는 않다. 전세가율이 많이 낮아져서 적절한 투자처를 찾기가 어렵다. 그런데도 정부의 부동산 규제 정책을 피해 투자자들이 몰리는 현상도 생겼다. 정부 규제는 개인이 피해갈 수 없는 일이다.

그렇다면 이 시점에 어떻게 사용해야 할까? 이런 정부의 규제 정책도 투자 방법에 넣어 생각해야 한다. 전세 레버리지 효과는 막강하다. 정해져 있는 대상을 찾으면 된다. 조건이 되는 사람만이 투자에 성공할 수 있다. 부동산 시장이 강세로 가고 있다.

적은 돈으로 하는 전세 레버리지 효과는 2년에 3~4천만 원을 벌 수 있는데 1~2채로는 효과가 별로 없어 보인다. 하지만 10채, 20채를 한다고 생각해보라. 4~8억이 될 수 있는 돈이다. 지금 당장 해보고 싶지 않은가? 해보고 싶은데 용기가 나지 않는가? 왜, 두려운가? 도움이 필요하다면 네이버 카페 '한국부동산투자협회'에 가입해서 도움을 받기 바란다.

투자 원칙 3가지를 꼭 알아야 한다. 첫 번째, 투자 물건의 전세 비율이 80% 이상이어야 한다. 물건의 가격은 전세가를 알면 알 수 있다. 두 번째, 2년 안에 원금의 70%를 회수할 수 있어야 한다. 전셋값이 꾸준히 상승해야 가능한 금액이다. 세 번째, 지역의 성장성을 확인해야 한다. 앞으로 성장 가능성이 있는 곳을 찾아서 투자해야 한다.

현 정부는 출범 후 33개월간 부동산 대책을 19번 내놓았다. 대부분 주택담보대출과 분양권 전매 등을 어렵게 하는 규제 강화 대책 위주였다. 2·20 대책 규제 대상에 들어간 일부 지역은 서울을 집중 타깃으로 삼은 작년 12·16 대책의 풍선 효과로 작년 가을부터 집값 오름세가 시작됐고 2020년 올 초부터 과열 양상이 나타났다. 2020년 2월 정부는 주택으로 투기는 이제 그만하라고 여러 정책을 발표했다. 그렇다고 부동산 투자를 접을 수는 없다.

조정지역을 피해 전세 끼고 아파트 투자를 하거나, 전세 끼고 신축 빌라 투자를 고려해보자. 자세한 내용은 4장에서 자세히 다루겠다.

03

부동산 투자 전략과 절세 비법

통계청 2018년 기준 주택 소유 가구 현황조사에 따르면 일반 가구 1,997만 9천 가구 중 주택을 소유한 가구는 1,123만 4천 가구로 전년 대비 2.1% 증가했고, 무주택 가구는 874만 5천 가구로 0.8% 증가했다.

주택을 1건만 소유한 가구는 815만 3천 가구로 72.6%를 차지했고, 2주택 이상을 소유한 가구는 308만 1천 가구로 27.4%를 차지했다. 2주택 이상 소유한 가구는 전년 대비 2.4% 증가한 것으로 나타났다. 주택 소유가구의 평균 주택 자산 가액은 2억 5,600만 원이었다.

부동산의 세금은 취득할 때, 보유할 때, 양도할 때 등 크게 3가지로 나눌 수 있다. 내지 않아도 될 세금이 있는지 꼼꼼히 체크해보는 것이 중요하다. 부동산 절세의 핵심 전략을 알아보겠다.

1. 부동산을 살 때 세금부터 생각해야 한다.

현명한 투자자들은 부동산 투자하기 전에 세금부터 계산한다. 1가구 2주택이면 세금을 얼마나 더 내야 하는지, 중과세에 해당하는지, 그렇다면 절세법은 없는지 체크하고 투자를 결정한다.

2. 공동명의 또는 법인명의로 사는 것이 유리한지 체크한다.

단독 또는 부부명의, 법인명의인지에 따라 양도소득세와 종합부동산세가 다르다. 다주택자일 경우 공동명의+법인명의로 살 때도 세금이 완전히 달라진다.

3. 양도소득세 줄이는 법

부동산을 취득하는 과정에서 지출된 취득세, 중개 수수료, 법무사 비용, 소유권 관련 소송 및 화해 비용 등은 필요경비로 인정해준다. 자본적 지출액은 부동산 수명을 연장하기 위해 지출한 발코니 새시, 방 확장 공사비, 바닥 시공비, 보일러 교체비가 이에 속한다. 2018년 4월 1일부터 증빙서류 없이, 청구서나 은행계좌 송금명세가 확인되면 필요경비로 인정해준다.

4. 부동산을 팔 계획이라면 연초에 팔아야 한다.

올해 부동산을 팔거나 살 계획이라면 연초부터 계획해야 한다. 왜냐하면, 보유세인 종합부동산세의 기준일이 6월 1일이기 때문이다. 5월 말까지 팔면 그해에는 재산세나 종합부동산세는 납세하지 않아도 된다.

5. 양도소득세는 2020년에 여러 부동산 모두의 이익과 손해를 모두 합해서 계산한다.

첫 번째 부동산 양도차익 3억이고, 두 번째 부동산은 1억 손해를 보았다면 양도소득세 2억 원만 해당한다.

6. 보유자산 리스트를 만들어보자.

아파트가 한 채라면 특별한 방안이 없지만, 부동산이 여러 채라면 취득 시기, 매입 금액, 절세 가능한 매매 시기 등을 미리 기재해두고 절세할 수 있는 방법을 찾자.

7. 1가구 1주택 비과세 요건을 갖추자.

1가구 1주택 비과세 혜택을 받으면 양도소득세를 안 내도 된다.

8. 다주택자는 주택 리스트를 만들어 세제 혜택 가능 여부를 확인한다.

다주택자는 리스트를 만들어 주택 수에서 제외되는지 중과세에 해당

하는지 체크하자. 상속이나 증여받은 부동산이 있는지와 감면 혜택이 있는지 꼼꼼하게 검토하자. 양도 순서만 바꿔도 수천만 원에서 수억 원을 아낄 수 있다.

9. 양도 차익이 크다면 증여도 생각해보자.

자녀에게 물려줄 생각이라면 양도 차익이 큰 부동산을 증여해서 절세 혜택을 받자. 매매보다 증여가 세금이 적을 수도 있으므로 잘 따져 선택한다.

10. 증여할 때 단독주택이나 상가, 토지는 공시가격으로 신고할 수 있다.

그러므로 증여할 예정이라면 공시가격 고시일 전에 증여하자. 배우자 증여를 활용하거나 부담부증여의 절세 효과도 활용할 수 있다.

다주택자, 법인사업자로 등록한다고 무조건 절세되는 것은 아니다. 그럼 법인사업자가 유리한 경우는 언제인가? 임대 수익이 많은 A가 법인을 만들면 된다. 이런 경우에는 대표 A는 법인에서 필요한 돈을 급여나 배당으로 가져올 수 있다. 남은 돈은 건물의 개축, 증축, 신축 등 추가 사업으로 투자에 사용해도 된다. 법인사업자는 법인세를 내고 바로 재투자가 가능하다. 법인세가 소득세보다 낮기 때문에 이럴 경우 법인으로 전

환하는 것이 유리하다.

　다주택자가 최근 법인에 관심을 갖는 것도 양도소득세를 줄이기 위해서다. 그렇다면 양도소득세 부분에서는 법인사업자가 유리한가? 다주택자는 조정대상지역의 주택을 팔 때, 법인일 경우 세금을 절약할 수 있다.
　법인사업자를 운영하면서 절세를 최대화하려면, 대표자 급여 처리하고, 자녀에게 비상장 주식을 소액 증여한다. 주주인 자녀에게 배당해서 부동산매매 시 자금출처용으로 사용할 수 있다.

　정부가 주택 경기를 조절하는 방법의 하나가 세금 정책이다. 현재 정부에서는 주택 경기 안정화를 위해 비과세 조건을 강화했다. 또한, 다주택자 규제 정책을 발표했다. 이에 현명한 투자자들은 정부의 세금 정책이 발표되면 발 빠른 행동을 한다. 부동산 정책이 계속 바뀌고 있다. 주기적인 체크가 필요하겠다. 현재까지의 부동산 투자의 흐름은 아래와 같다.

개인 투자 → 개인 임대사업자 → 법인 투자 → 법인 신탁투자

　현재는 개인 신탁투자로 바뀌고 있다. 투자는 혼자서 하지 말고 멘토와 여럿이 하는 것을 추천한다.

'빨리 가려면 혼자 가고, 멀리 가려면 함께 가라'는 속담이 있다. 이 말의 의미를 다시 한 번 생각해보기 바란다.

홈택스(www.hometax.go.kr)에 로그인 후 모의계산으로 간단히 알아볼 수 있다. 양도소득세가 중과되는 주택을 법인으로 전환했다고 해서 내야 할 세금이 사라지지는 않는다. 법인으로 전환했을 때 장점이 있다는 것이다. 법인 설립해서 절세 효과가 얼마나 있는지 세무 전문가와 미리 점검해야 한다.

04

절대 실패하지 않는 부동산 투자 방법

절대 실패하지 않는 투자 방법이 있을까? 실수로라도 손실이 나지 않는 투자는 있다.

제일 먼저 '절약', 두 번째 '건강'이다. 나중에 병원비가 투자에 발목을 잡을 수도 있으므로 실비 보험에도 가입해둔다. 마지막으로 '공부'에 투자하는 것이다. 이런 준비가 끝났다면 실제 투자를 해보자.

그렇다면, 절대 실패하지 않는 부동산 투자는 있을까? 소액 투자를 하는 것이다. 내가 감당할 수 있는 범위 내에서 10년 이상 버틸 수 있다면 부동산 투자는 무조건 성공한다. 당신은 버틸 수 있는가? 누구의 이야기에도 흔들리지 않고 10년을 기다릴 수 있는가?

전체	26.21㎡		26.65㎡		39.16㎡					(단위: 만원)
	2020.01		2020.02		2020.03		2020.04		2020.06	2020.06
계약일	보증금 월세(층)	계약일	보증금 월세(층)	계약일	보증금 월세(층)	계약일	보증금 월세(층)	계약일	보증금 월세(층)	계약일 보증금 월세(층)
6	20,500 (8)	1	14,700 (19)							
8	19,500 (13)	4	15,000 (20)							
13	16,000 (3)	6	14,700 (4)							
20	14,700 (20)	8	1,000 65 (15)							
28	15,500 (14)	10	1,000 65 (19)							
31	1,000 65 (7)	17	1,000 60 (15)							
		21	20,700 (3)							
		24	500 65 (4)							

(자료: 국토교통부 실거래가)

오피스텔 소액 투자는 입지가 핵심이다. 적은 돈으로 투자할 수 있다는 점이다. 3~5천만 원 정도의 소액으로 투자할 수 있다. 매월 월세 수익을 얻을 수도 있다. 주택보다 대출 규제가 적다. 다주택자일 경우 대출을 이용한 레버리지로 오피스텔 수익을 극대화할 수 있다. 서울 지역이라면 매우 좋겠지만 부천 중동신도시 같은 수도권 내에 적은 돈으로 보증금 1천만 원, 월세 60만 원 받는다면 적은 수익은 아니다.

거기에 매매 차익도 노릴 수 있다. 그럼 언제 어디에 투자해야 할까? 부동산 투자의 핵심은 입지 조건과 가격이다. 지하철역이나 많은 회사가 있는 곳이 좋다. 소형 오피스텔에 사는 사람들은 대부분이 1인 가구다. 가격이 많이 오른 오피스텔은 편의시설과 교통 여건이 잘 갖춰져 있다. 이런 오피스텔은 안정적인 월세 수익을 얻을 수 있다.

호재들과 주변 여건만 중요한 것은 아니다. 공급 물량도 확인해야 한다. 과도한 공급으로 가격 경쟁이 심해져 임대료가 떨어질 수 있다. 실제 마곡지구 초기에는 과도한 물량으로 가격이 내려갔다.

신규로 지하철이 들어오거나 대기업이 이동하거나 이런 호재들을 잘 살펴야 한다. 언제나 그렇듯이 좋은 투자 물건을 찾다 보면 기회가 올 것이다.

부동산 투자는 아파트를 빼놓고는 이야기할 수 없다. 스마트폰으로도 가격을 확인할 수 있고 거래가 잘 이루어지기 때문이다. 초보자도 어느 정도 투자금만 있다면 아파트에 투자하는 것이 좋다. 왜냐하면 비교적 안전하게 자산을 키울 수 있기 때문이다.

현재는 부동산 정책 때문에 똘똘한 1채 갖기 바람이 불었다. 무엇보다 세금 문제에서 이익이기 때문이다. 하지만 아파트를 사기에 투자금이 부족하다면 다른 방법을 생각해야 한다. 현재 가진 투자금으로 안전하게 투자할 곳을 찾고 저평가된 지역을 찾는 게 투자의 정석이다. 12 · 16 대책 이후 풍선 효과로 집값이 많이 뛴 수원 영통, 권선, 장안구, 안양 만안구, 의왕시를 조정대상지역으로 신규 편입했다. 정부 정책도 눈여겨보면서 투자해야 한다. 투자 지역을 넓혀서 투자를 생각할 경우는 매번 발품을 팔 수는 없을 것이다. 이럴 때 빠르게 집값을 확인할 방법이 있다. 바로 국토교통부에서 아파트, 다세대주택, 오피스텔, 단독주택, 분양권, 토지 등 다양한 매물의 실거래가를 조회하는 것이다.

이제는 서울을 벗어나 모든 지역의 부동산 흐름을 파악하자. 투자 범위를 넓혀서 급매 물건에 투자하는 것이 절대 실패하지 않는 부동산 투자 방법의 하나다.

분양권 투자는 아파트 완공 전에 사고팔 수 있는 권리 매매의 한 방식이다. 2·20 부동산 대책 이후 투자자의 관심은 규제가 비교적 약한 수도권으로 발길을 옮겼다. 분양권 전매가 가능하고, 분양가가 6억 원 아래여서 구매 부담이 낮은 곳이 인기 있다. 이들 지역은 가격이 상승할 것이라는 기대감이 크다. 하지만 분양권 거래는 가격과 지역 분석을 철저히 해서 위험을 제거하는 게 투자 정석이다.

KB부동산 리브온(Liiv ON) 강남 평균 주택 시세를 확인해보았다. 물론 급상승한 아파트도 있다. 강남이라고 해서 모두 급등한 것은 아니다.

2009년 강남 아파트 가격은 5억 4,016만 원이다.

2019년 강남 아파트 가격은 8억 1,940만 원이다.

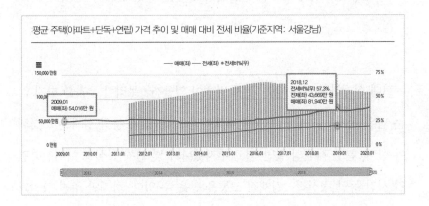

평균 주택(아파트+단독+연립) 가격 추이 및 매매 대비 전세 비율(기준지역: 서울강남)

아래는 투자의 기본 8가지다.

1. 부동산을 살 때 항상 얼마에 팔릴 수 있을까를 생각한다.

2. 입지, 교통, 환경, 학군이 좋은 부동산을 찾는다.

3. 월세와 시세 차익을 통해 원금을 회수할 수 있는 부동산에 투자한다.

4. 전문가를 투자 파트너로 만든다.

5. 부동산 경기와 금리는 반비례하니 항상 체크하자.

6. 정부의 부동산 정책을 주의 깊게 살펴보자.

7. 온라인 정보만 믿지 마라. 믿는 도끼에 발등 찍힌다. 발품을
   팔아야 한다. 어렵다면 전문가의 도움을 받자.
8. 좋다고 판단해도 급하게 결정하지 말고, 한 번 더 확인하자.

절대 실패하지 않는 상가 투자 방법이 있을까? 무리한 투자를 하지 않는 범위 내에서 시장 조사가 완벽해야만 한다. 신축 분양 상가는 조심해야 한다. 분양 사원의 말만 믿고 투자했다가 몇 년씩 공실로 이어진다면 긴 시간 동안 정신적·경제적 고통을 받을 수 있다. 하지만 주변 상권과 상가 위치 등 미래 가치를 정확히 확인하고 임대가 맞춰진 상가를 산다면 안정적으로 공실 걱정 없이 월세를 받을 수 있다.

그렇다면 상권이 좋다는 건 어떤 걸 말하는 걸까? 은행들과 대형 프랜차이즈 커피숍, 대형 병원 등이 임차한 상가를 분양받는 게 좋은 방법이다. 1층 상가는 대부분 비싸다. 투자 금액이 적다면 2층 상가를 선택한다. 분양가가 비교적 저렴한 돈으로 매입할 수 있어 좋다. 일반적인 상가의 수익률은 6% 정도를 본다. 대출 레버리지를 이용한다면 더 큰 수익도 기대할 수 있다. 하지만 무엇보다도 안정적인 게 최선이다. 상가도 보는 눈이 있어야 시세 차익을 노려볼 수 있다.

오피스텔, 아파트, 분양권, 상가 등의 절대 실패하지 않는 투자 방법은

이것이다. 제일 먼저 '절약'한다. 두 번째 '건강'에 투자한다. 그리고 실비 보험에 가입한다. 마지막으로 '부동산 공부'에 투자하는 것이다.

부동산 공부는 끝이 없다. 이런 준비가 끝났다면 절대 실패하지 않는 투자를 해보자. 부동산 투자가 처음이라면 전문가의 도움을 받아서 투자한다. 소액 투자를 하는 것이다. 내가 감당할 수 있는 범위 내에서 한다. 최소 3년에서 최대 10년을 버틸 수 있다면 부동산 투자는 무조건 성공한다. 누구의 말에도 흔들리지 않고 10년을 기다릴 수 있다면 당신도 성공할 수 있다.

05

부자들의 생각과 행동을 배워라

우리는 무조건 부자로 살아야 한다. 삶의 어려움이 많이 찾아오지만, 대부분 돈으로 해결될 문제들이기 때문이다.

내 주변 부자들은 참으로 놀랍다. 같은 조건으로 지금 세상에 던져두어도 현재와 똑같은 부를 창출해낼 것이다. 최소한 비슷한 수준의 부를 이룰 수 있으리라는 것이다.

내가 아는 부자들은 보통 사람과 다르게 세상을 보았다. 세상을 보는 눈이 달랐다. 실제 부자들은 옷차림이나 말투로는 그들이 부자인지 알기 어렵다. TV 속이나 유튜브에서 나오는 부자들처럼 외제 차를 자랑하거나 큰 집을 자랑하지 않는다. 물론 돈이 있다고 자랑하지도 않는다.

매월 나오는 월세가 얼마인지 정확히 알려주지도 않는다. 큰 부자들은 임대 수익을 자녀들에게 양도하기도 한다. 아이들이 커서 결혼하면 자녀들에게 평생 먹고살 만큼의 돈이 아니라 임대 수익권을 넘겨서 자녀들이 안전하게 연금처럼 받을 수 있게 해두었다.

부동산을 하는 동안 부자들을 보면서 그들을 따라 하기도 했다. 똑같이 따라 한다고 생각했지만 똑같은 결과는 나오지 않았다. 부럽기도 하고, 나의 현실에 화가 나기도 했다.

우리는 모두 부자로 살아갈 기본 자질은 가지고 있다. 그렇다면 부자들의 생각과 행동을 어떻게 배울 수 있을까? 이런 질문을 하는 독자라면 책을 사서 보라고 권하고 싶다. 책을 통해 부자들의 생각과 행동을 배울 수 있다. 모든 부와 돈 버는 방법이 들어 있다. 그러나 그냥 책을 보면 안 된다. 책을 사서 한 문장을 읽었으면 중요한 부분은 줄을 친다. 빈 곳에는 내 생각을 적는다. 이렇게 읽어야 책에 쓰여 있는 부자들의 생각과 행동을 찾아낼 수 있다. 우리는 빨리빨리 문화 속에서 살고 있다. 너무 빨라서 주위를 둘러볼 시간도 없다. 사색할 수 있는 여유를 먼저 찾아야 할 것이다.

부자들은 어떤 생각을 할까? 부자들은 세상에 돈 버는 방법이 많다는 것을 알고 있다. 그래서 조급하지 않다. 기다림 속에서 남들이 보지 못한 부분을 찾아낸다. 부자들은 돈을 사랑한다. 돈을 제대로 쓸 줄 안다. 우리가 흔하게 얘기하는 졸부는 부자에서 빼자. 돈은 쓰면 쓸수록 나에게 돌아온다고 생각한다.

부자들은 다른 사람의 인생에 가치를 더해주고 부를 모은다. 빼앗는 게 아니다. 부자들의 시간은 보통 사람 시간의 2~3배 이상으로 빠르게 산다. 힘들다거나 바빠서 죽겠다는 말은 하지 않는다. 그저 현실을 게임처럼 즐긴다. 부자들은 경험을 가치 있게 여긴다. 많은 돈을 버는 데 돈이 필요 없다는 것을 안다. 진정한 부자는 가진 것을 모두 잃어버려도, 3년 정도면 원래 위치로 다시 돌아온다. 부자들은 가치에 투자하고 기다릴 줄 아는, 매수와 매도 타이밍의 귀재들이다.

당신이 먼저 해야 할 일은 책을 읽고 그들처럼 시간을 효율적으로 쓰는 것이다. 돈 버는 것도 게임을 하듯 재미있게 하는 방법을 찾아야 한다. 책 읽는 방법, 시간을 사용하는 방법, 식상한 이야기처럼 들릴지 몰라도 실제 부자들은 이렇듯 보통 사람의 2~3배 이상의 일을 재미있게 하면서 하루를 보낸다. 당신의 3년은 부자들에게 6개월이나 1년 정도의 시간과 비슷할 것이다. 당신도 부자들의 생각과 행동을 배워서 절대 실패하지 않는 부동산 투자를 해보자.

06 | 부동산 트렌드를 읽는 눈을 가져라

현재는 정부의 고강도 부동산 대책과 미국의 금리 인하 등으로 부동산 시장의 흐름을 예측하기 어려운 상황이다. 강력한 부동산 정책만으로 집값 상승이 꺾이지 않고 있다. 서울 지역 집값은 계속 폭등하고 있다. 왜 서울 아파트 가격은 상승할까? 새 아파트가 부족해서 그렇다.

정부 정책상 대도시는 재건축과 재개발을 통한 공급만 가능하여서 투자자가 몰리면서 집값이 상승하게 된다. 정부는 주택 가격 상승 원인이 투기라고 보고, 강력한 규제로 가격 안정을 꾀하고 있다. 일시적으로는 안정될 수 있지만, 다시 상승할 것으로 생각한다. 정부의 계속되는 정책 발표에도 서울 아파트 가격은 상승할 가능성이 매우 높아 보인다.

지금까지 강남 재건축아파트 등 똘똘한 1채에 투자했으나 문재인 정부의 강력한 투기 규제 정책으로 부동산 투자가 어려워졌다. 그렇다고 부동산 투자를 못 하는 것은 아니다.

투자금이 부족한 저소득계층은 점점 더 어려워질 것으로 생각된다. 부자들은 현금으로 부동산 투자를 하게 되면 강력한 정책도 큰 문제가 되질 않는다. 그렇다면 저소득계층은 어디에 투자해야 할까? 1~2억 소액으로 하는 틈새시장에 투자해야 한다. 정부의 대출 규제로 과거와 다르게 상황이 조금 어려워진 것이 사실이다. 그렇다고 전혀 할 수 없다는 것은 아니기에 조금 더 노력하고 찾아야 할 것이다.

대한민국 부동산 시장이 변화하고 있다. 최근에는 인구 감소와 1~2인 가구의 증가로 오피스텔이나 원룸, 소형 아파트 시장이 호황이다. 인구 고령화로 은퇴 세대가 큰 집을 줄여 원룸을 사거나 소형 주택으로 옮기고 차액은 연금처럼 활용하기도 한다. 우리나라 부동산 시장의 구조적인 문제는 대도시에 낡아가는 주택과 새 아파트 공급 부족이라고 할 수 있다. 실제 통계로 봐도 서울 인구 대비 새 아파트 수는 매우 부족한 상황이다. 그래서 수요의 증가로 아파트 가격이 상승한다. 서울은 2013년 마곡지구 택지개발 이후 대규모 개발이 추진되지 않은 상태로 재건축, 재개발 아파트에 투자자가 몰린다. 누구나 새 아파트에 살고 싶어 한다. 교통과 교육 환경, 편의시설이 있는 도심지의 사람들은 지방으로 이사하길 원하지 않는다. 이런 이유로 투자자가 몰리고 서울과 수도권 아파트 가격은 오른다.

2008년도 금융위기 리먼 사태와 이명박 정부의 그린벨트를 이용한 보금자리주택으로 주택 가격이 폭락했다. 이후 상승세를 탔다. 현 정부 들어 주택 가격은 급격하게 상승하고 있다. 이에 강력한 대책을 발표하고 있음에도 아파트 가격은 상승세를 멈추지 않고 있다.

핵가족이나 1인 가구가 늘어남에 따라 원룸 시장이 호황을 누리고 있지만, 공간이 협소해 생활하기 불편하다. 서점에 가면 셰어하우스 창업으로 돈을 벌었다는 사람들이 낸 책들이 즐비하다. 고시원 투자로 엄청난 부를 축적했다고 자랑하는 사람도 많아졌다. 이렇듯 틈새시장을 이용하면 적은 금액으로도 투자할 수 있다.

2017년

6월 19일 : 주택 시장의 안정화 대책: 조정대상지역 추가 지정 (경기 광명, 부산 기장군, 부산진구), 전매 제한기간 강화, LTV, DTI 강화, 재건축규제 강화

8월 02일 : 실수요 보호와 단기 투기수요 억제를 통한 주택 시장 안정화 방안

투기지역 지정(서울 11개 구, 세종), 투기과열지구 지정(서울, 경기 과천, 세종)

양도소득세 강화(다주택자 중과—2주택자 10%, 3주택자 20%, 2년 거주요건 추가)

LTV, DTI 등 금융규제 강화

9월 05일 : 8·2대책 후속 조치로 투기과열지구 추가 지정(성남 분당구, 대구 수성구) 및 분양가 상한제 적용요건 개선 추진

10월 24일 : 가계부채 종합대책에선 DSR(채무상환 비율)을 도입하겠다는 내용이 발표됨—신DTI 도입

11월 29일 : 주거복지 로드맵: 생애 단계별 소득 수준별 맞춤형 주거 지원, 무주택 서민 실수요자를 위한 주택공급 확대

12월 13일 : 임대주택 등록 활성화 방안: 지방세, 양도소득세 감면 확대, 건보료 부담 완화, 임차인 보호 강화

2018년

4월 24일 : 서민, 실수요자 주거 안정하기 위한 금융지원 방안

7월 05일 : 행복한 결혼과 육아를 위한 신혼부부, 주거 지원 방안

8월 27일 : 수도권 주택공급 확대 추진: 수도권 30만 호 주택 공급이 가능한 공공택지 30여곳 추가 개발, 투기지역 지정(서울 동작, 종로, 중구, 동대문 4곳)

투기과열지구 추가 지정(경기 광명, 하남), 부산 기장군 조정대상지역 해제

8월 31일 : 2018년 도시재생 뉴딜사업 선정

9월 13일 : 9.13 주택 시장 안정 대책, 종합 부동산세 강화(세율 인상, 3주택 조정대상지역 2주택 세율 및 세 부담 상한 인상 등), 양도세 강화(일시적 2주택 3년→2년), 임대 사업자 혜택 축소, 종합부동산 공정시장 가액 비율 강화, 지방 주택 시장에 대한 맞춤형 대응

9월 21일 : 수도권 주택공급 확대방안(1차)−수도권 공공택지확보 30만 호 공급

10월 12일 : 무주택 실수요자를 위한 주택공급제도 개선안 입법 예고

12월 06일 : 주택공급에 관한 규칙 등 개정안 시행

12월 19일 : 2차 공공택지 발표지역 7곳 토지거래허가구역 지역지정

2019년

1월 08일 : 2018년 세업후속 시행령 개정안, 등록임대주택 관리

강화 방안

1월 24일 : 표준단독주택공시가격 현실화

1월 29일 : 2019 국가 균형 발전 프로젝트

2월 12일 : 표준지공시지가 현실화

3월 14일 : 공동주택 공시가격 현실화

4월 23일 : 2019 주거종합계획

5월 07일 : 제3차 신규택지 추진계획

5월 21일 : 위례신도시 트램 공공주도 추진

8월 12일 : 민간택지 분양가상한제 적용기준 개선 추진

11월 06일 : 민간택지 분양가상한제 지정

12월 16일 : 12 · 16 대책

9억 원 초과 주택 LTV 강화, 15억 원 초과 주택담보 대출 금지

DSR, DTI 강화, 9억 원 초과 전세자금 대출 제한

종합부동산세율 인상, 세부담 상한 상향(조정 2주택 200% 〉 300%)

종합부동산세 1주택 고령자 및 합산공제 확대, 공시가격 현실화

1가구 1주택 장기보유특별공제 거주요건 강화

등록 임대주택 양도세 비과세 요건 추가

조정대상지역 양도세 중과 주택 수 분양권 포함

| 월급쟁이를 위한 부동산 투자 스쿨

양도세율 인상

조정대상지역 양도세 중과 한시적 배제(2020년 6월까지)

민간택지 분양가상한제 적용지역 확대

전매 제한 및 재당첨 제한 요건 강화

2020년

2월 20일 비규제지역: LTV 70%, DTI 60%, 조정대상지역(현재 44곳): LTV 50%(9억 원 초과분 30%), DTI 50% (서울 전 지역 25개 구 전역, 과천, 성남, 하남, 광명, 고양 일부, 남양주 일부, 구리, 안양 동안, 동탄2, 광교, 수원 팔달, 용인 수지, 기흥, 세종, 수원 권선, 영통, 장안, 안양만안, 의왕) 투기 과열 지구(31곳): LTV 40%(9억 원 초과분은 20%), DTI 40%(서울 전 지역 25개 구 전역, 과천, 광명, 하남, 성남 분당, 대구 수성, 세종) 투기지역(16곳): LTV 40%(9억 원 초과분은 20%), DTI 40%

(서울 강남구, 서초구, 송파구, 강동구, 용산구, 성동구, 노원구, 마포구, 양천구, 영등포구, 강서구, 종로구, 동대문구, 동작구, 중구, 세종시 등)

(이후로도 부동산 정책이 계속 나왔다. 추가된 내용은 4장 6챕터에 서술하였다.)

앞의 규제를 보면 12·16 정책이 가장 강력한 것으로 평가된다. 국도교통부 자료에 따르면 2020년에는 투기 수요에 엄정 대응하고 있다. 조정대상지역 3억 원 이상 주택 거래 시 자금 조달계획서 제출을 의무화한 것이 그 일환이다.

이렇듯 초강력 대책에도 주택 가격이 안정되지 않는 원인은 공급의 불균형이라 생각한다. 정부는 투기 세력으로 생각하여 규제하는 반면, 국민은 투기로 생각하지 않는 데 있다. 서로 관점의 차이를 보인다. 정부가 급격한 부동산 상승에 맞서 강력한 규제에 나섰으나 말 그대로 현금을 쥔 부자들은 세금 문제만 해결된다면 전혀 신경 쓰지 않는다.

빈부의 양극화가 심해지고 있다. 심각한 수준이다. 대출 규제와 투기 수요 규제로 지방의 집값 하락 및 미분양이 확대될 수도 있다. 소형 아파트와 원룸 시장은 호황으로 시장은 큰 변화가 없을 것으로 전망한다. 정부가 강한 규제로 가격 상승을 막아보려고 하지만 도심부에 재건축아파트 가격 상승의 불을 끌 수 있을지는 미지수다.

정부 규제의 핵심 내용은 '재건축사업'과 '다주택자'다. 투기과열지구와 조정지역 등 대출과 세금 등 모든 수단과 방법을 가리지 않고 있다. 앞서 설명한 것처럼 도심부에 낡은 아파트와 새 아파트의 공급 부족으로 근본적인 대책 없이 정부 규제만으로 가격 상승은 잡기 어려울 것이다. 아무리 규제가 심하고 투자가 어렵더라도, 부동산 트렌드를 읽는 눈을 가지면 짧은 수익을 올리고 마는 것이 아니라 평생 투자 수익을 올릴 수 있다. 부동산 시장은 넓다. 느긋하게 투자할 곳을 찾는다면 얼마든지 절대로 실패하지 않는 투자를 할 수 있다.

07

부동산 사이클을 알면 실패하지 않는다

필자가 초등학생일 때 우리 집은 동네에서 제일가는 부자였다. 집에는 큰 냉장고와 열었다 닫았다 할 수 있고 잠금 장치도 있는 최신형 TV도 있었다. 논과 밭이 있었다. 단독주택의 넓은 앞마당과 뒷마당에는 커다란 밤나무가 있었다. 어느 날 아버지의 사업 실패로 모든 것이 한순간에 사라졌다. 어린 나는 사업 실패가 뭔지도 몰랐다. 그렇게 가난은 시작되었다. 평생 모은 재산을 날리신 아버지는 그 충격으로 더 돈을 벌지 못하셨다. 어머니는 아버지 대신 일을 하느라 허리가 휘고 고생을 많이 한 탓에 얼굴에 주름이 많이 생기셨다. 나는 대학을 가도 된다는 어머니의 말씀을 뒤로하고 고등학교 3학년 10월 서울로 향했다. 가정 형편이 어려운데 장학금을 받을 수도 없는 상황에서 대학 진학을 할 수는 없다고 생각했다. 이제 와 생각하면 그것은 어리숙한 착각이었다. 일단 대학 진학을 하고 일을 하면서 대학을 다녀도 충분했을 텐데, 당시에는 잘못된 판단을 내린 것이다.

먹고사는 문제를 해결하기 위해 처음에는 역삼동에서 신문 배달을 했다. 새벽 3시에 일어나 은마 아파트 일대에 신문을 돌렸다. 그리고는 구로에 있는 학원으로 자동차 정비를 배우러 다녔다. 너무 힘든 나는 신문 배달을 그만두고 공장에 다니기 시작했다. 월급은 상당히 적었다. 정비 학원에 다녀야 하므로 알바생 정도의 월급을 받았다. 그러다가 공장에 있는 형들과 어울리기 시작했다. 그 뒤로 모든 것을 잊어버리고 스탠드바 웨이터를 했다. 일이 끝나면 술 마시고 노래 부르고 하루를 보내며 살았다.

그해 가을, 영장이 나왔다며 고등학교 친구가 나의 입대 영장을 들고 나를 찾아왔다. 만약 군대에 가지 않았다면 지금은 술집을 하고 있을지도 모른다. 정비를 공부했던 나는 공병대대로 배치되었다. 나는 종일 일하고 시간 나면 정비 매뉴얼을 끼고 살았다. 한겨울 동계검열에서 내가 맡은 모든 장비가 최상의 작동을 하게 되어 사단에서 1등을 하였다. 우리 처부장은 류 중사였는데 사단장 표창을 받게 되고 진급 시험에 통과해서 2계급 특진했다. 그분은 항상 나를 사랑스러운 눈빛으로 보셨다.

다음 해 봄 타 부대원과 시비가 붙은 적이 있었다. 내게 심하게 맞은 타 부대원은 2달간 병원에 입원했다. 1~2주간 의식이 없었단다. 본부 중대장에게 사건 보고가 들어가 아침부터 완전군장으로 연병장을 돌며 영창 대기 중이었다. 지프 타고 출근 중에 나를 본 처부장은 사건 얘기를 듣고 중대장님 건너뛰고 대대장님께 말씀드려 모든 일을 무마시키고 1달간 18 포대로 파견을 보내주셨다. 또 한번은 토요일 모든 장교가 퇴근 후에 후임들과 소주파티를 하다가 뒤늦게 퇴근 중인 본부중대 인사계 상사에게 걸린 적이 있다. 이에 완전군장 영창대기를 할 때도 그분은 말없이 빼내 주셨다. 2번이나 영창대기를 무마시켜 주셨다. 힘든 병영 생활에 휴가를 보내주고, 한여름에는 유격을 빼주고 타 부대에 1달 동안 파견을 보내주셨다. 그렇게 처부장이 타 부대로 가시기 전까지 나에게 최대한의 배려를 해주셨다. 그렇게 군생활은 마무리되었다.

육군 병장으로 전역하고 영업을 시작했으나 적응이 쉽지 않아 곧 그만두었다. 이후 작은누나 집에 얹혀살면서 주유소 부소장으로 취직했다. 일이 끝나면 숭실대 야간대학을 다녔다. 작은누나 집은 자양동이었다. 너무 멀어서 오토바이를 타고 다녔다. 그러다가 교통사고가 나서 한 달을 누워 있게 되었다.

이렇듯 내 삶은 순탄하지 않았다. 사고 후 다시 취직자리를 알아봤으나 일자리 찾기가 어려웠다. 이때가 IMF 때였다. IMF 외환위기 1997

년 발생했을 때 위기라고 했던 사람이 있고, 이것을 기회로 삼았던 사람도 있었다. 이 시기에 좋은 가격의 아파트를 골라 담았던 사람들은 불과 2~5년 사이에 부자가 되었다. 그들은 2008년 글로벌 금융위기에도 투자를 했다.

나는 대형 아파트 투자로 5년간 경제적 · 정신적 고생을 하였다. 단 한 번의 오판으로 실패한 투자였다. 이때의 경험을 통해 투자 오판에 대한 대가가 얼마나 큰지를 알게 되었다. 이후 필자는 투자 원칙이 생겼다. 부동산 투자는 항상 겸손해야 한다. 경기 침체 시에는 고가보다는 저가 아파트에 투자한다. 너무 과열된 시장일 때는 섣불리 투자하지 않는다. 2008년 글로벌 금융위기는 나에게 커다란 타격을 주었다. 전 재산을 투자한 미분양 아파트는 가격이 계속 내려갔다. 나는 2년을 버텼으나 계약금을 결국 포기하고 이자까지 물었다. 선택을 잘했다면 서울 아파트로 최소 10~20억 원 벌 수도 있었다. 이렇듯 부동산 투자는 어떤 선택을 하느냐에 따라 부자의 갈림길에서 인생을 바꿔놓는다.

나는 직장을 바꿨다. 지금 그대로의 수입으로는 빚을 갚을 수 없기 때문이었다. 이때 우리 부부는 참 많이 싸웠다. 바로 돈 문제였다. 여행은 커녕 외식도 엄두가 나지 않았다. 나는 빚을 갚기 위해 미래는 불안했지만, 연봉 많고 개인 차량과 법인 카드를 지급해주는 곳으로 이직했다. 나는 5년 동안 새벽에 출근해서 새벽에 들어오는 날이 많았다. 많은 돈과 혜택을 주는 만큼 2~3명 몫의 일을 해야 했다. 매일 5시에 일어나 70km를 출근해서 새벽에 서류 업무를 마치고 나면, 대표님과 직원들이 출근했다. 오전 회의가 끝나면 외주팀을 이끌고 현장으로 나갔다. 나는 모든 일을 총괄하는 기술직 이사였다. 모든 권한을 쥐고 움직였다. 그만큼 책임도 컸다. 실무 작업과 대금 정산까지 다 처리하느라 정신없이 바빴다.

가족의 행복을 위해서 나는 돈을 벌어야 했다. 아무리 힘들고 어려워도 버텼다. 일에 미쳐 살았던 것 같다. 지금 생각하면 대단한 5년이었다. 빚 갚는 데 5년이 걸렸다. 그때 습관으로 나는 지갑을 가지고 다니지 않는다. 절약을 뼈저리게 했던 시절이다. 마이너스에서 시작해 지금은 나름 성공했지만, 단 한 번의 잘못된 선택으로 인생의 5년이라는 세월과 돈을 모두 잃어버렸다. 내 경우를 보더라도 부동산 투자는 돌다리도 두드리는 심정으로 해야 한다.

부동산 사이클은 하향기(침체기), 회복기, 상승기, 후퇴기가 있다.

하향기는 부동산 불황기이다. 부동산 시장이 얼어붙어 거래가 거의 없다. 매매가는 하락한다. 더 이상 시세 차익을 기대하기 어려운 시기이다. 전세가는 상승할 수 있다. 이때는 수익형 투자를 중심으로 하는 걸 추천한다. 월세 끼고 투자를 한다.

| 월급쟁이를 위한 부동산 투자 스쿨

회복기, 하향기가 오래갈수록 정부는 부동산 시장을 살리려고 노력한다. 전세가가 상승한다면, 이때는 갭투자와 분양권 투자를 한다.

상승기는 정부의 정책으로 부동산이 정상화된다. 어떤 투자도 수익을 볼 수 있다. 집을 사기 좋은 시기다.

후퇴기는 가격이 최고조로 올라 있는 때로 매매를 판단하기 조금 어려울 수 있다. 부동산 거래에도 성수기와 비수기가 있다. 봄, 가을은 성수기라면, 여름과 겨울은 비수기이다.

2013년 마곡지구가 분양을 시작했다. 하지만 나는 부동산 가격이 더 내려갈 것으로 생각했다. 부동산 전문가들도 더 떨어질 것이라는 예상을 했다.

서울 부동산 시장은 얼어 붙어 있었다. 미분양 아파트는 시세 대비 많이 저렴했다. 마곡지구는 판교 신도시만큼 부동산 가격이 오를 것으로 예상하지 못했다.

정부에서는 주택 시장 정상화 대책을 추진했다. 미국의 양적 완화와 저금리 돈이 많이 풀렸다. 객관적 분석으로는 투자 적기였다. 하지만 나는 가족의 반대로 마곡지구에 투자하지 못했다. 마곡지구에 투자했다면 분양가는 5억 대였고, 지금 14억 원가량 되니 시세 차익이 9억 가까이 된다. 이런 성공을 하려면 부동산을 보는 눈을 키워야 한다. 미래를 내다보려면 부동산 투자 공부를 해야 한다.

I. 주택가격동향

1. 매매가격동향

1) 개황

■ 전국 주택매매가격 전월대비 상승폭 계속 축소

전국(0.14%)의 주택매매가격은 수도권과 광역시가 모두 전월대비 상승폭이 줄어들었음. 기타지방은 2개월 연속 마이너스를 기록함. 수도권(0.20%)은 전월대비 상승세가 완화되었고 5개 광역시(0.14%) 역시 전월 대비 상승폭이 둔화됨. 기타지방(-0.02%)은 하락을 보였음.

전국 152개 시/군/구 가운데 가격이 상승지역은 줄어들고, 보합지역이 확대 되었다..

〈최근 매매가격 증감률〉 (단위: 전월 대비, %)

	연도별 동향			최근 월별 동향			
	17.5월	18.5월	19.5월	'20.1월	3월	4월	5월
전 국	0.05	0.10	-0.07	0.37	0.56	0.23	0.14
수도권	0.10	0.20	0.00	0.55	0.84	0.33	0.20
5개광역시	0.02	0.05	-0.05	0.27	0.38	0.22	0.14
기타지방	-0.04	-0.10	-0.24	0.03	0.04	-0.02	-0.01

* 수도권은 서울, 인천, 경기 지역이며, 5개광역시는 인천을 제외한 광역시(부산, 대구, 광주, 대전, 울산)임

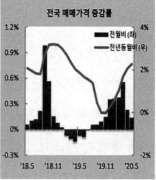

〈가격변동지역 분포〉

20.5월 44.8% 38.6% 16.6%

20.4월 55.2% 31.7% 13.1%

■ 상승지역 ■ 보합 ■ 하락지역

매매가격지수 장기 추이

120
(2019.01 = 100.0)
100
80
60
40
20
0
'86년 '90년 '95년 '00년 '05년 '10년 '15년 '20년

전국 매매가격 증감률

1.2% ■ 전월비 (좌) 4%
0.9% ─ 전년동월비 (우)
0.6% 2%
0.3%
0% 0%
-0.3% -2%
'18.5 '18.11 '19.5 '19.11 '20.5

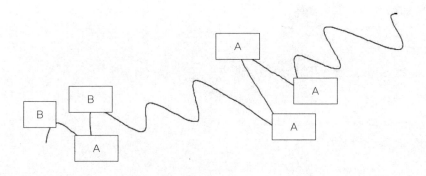

우리나라 부동산은 지난 50년 동안 조금씩 우상향해왔다.

갑부는 A에 사서 B에 판다. 이렇게 계속 반복한다. 가난한 사람은 B에 사서 A에 팔면서 돈 벌기 어렵다고 한탄한다. 나는 경험을 통해서 교훈을 얻었다. 불황이 생각보다 오래갈 수 있다. 하지만 경기 불황이 와도 무리한 대출을 받지 않는다면 버틸 수 있다고 본다.

자신의 재무 상태를 점검해야 한다. 경기 불황이 와도 버틸 수 있는 여유 자금을 가지고 투자하고 정기적인 수입을 유지해야 한다. 똑같은 시기에 부동산 사이클을 이해하면 절대 실패하지 않고 투자에 성공할 것이다. 부동산 추세를 읽고 부동산 사이클을 알면 절대 실패하지 않는다. 경제 위기가 발생하면 화폐 가치가 떨어지고 환율이 급등한다. 따라서 환율과 유가, 금리를 수시로 체크해야 한다. 위기 다음에는 반드시 기회가 온다.

08

부동산의 미래가치에 투자하라

 월급 1만5천 원의 영어 강사에서 자산 26조 원의 거부가 된 알리바바 창업자 마윈은 이렇게 말했다.

 "세상에서 가장 함께 일하기 힘든 사람은 가난한 사람이다. 그들은 자유를 주면 함정이라 얘기하고 작은 비즈니스를 얘기하면 돈을 별로 못 번다고 얘기한다. 큰 비즈니스를 얘기하면 돈이 없다고 하고, 새로운 것을 시도하자고 하면 경험이 없다고 한다. 전통적인 비즈니스 모델을 하자고 하면 진입 장벽이 높아 어렵다고 하고 새로운 비즈니스 모델이라고 하면 다단계라고 한다."

"그들에게는 공통점이 있다. 구글이나 포털에 물어보는 것을 좋아하고, 희망이 없고, 영양가 없는 친구들에게 의견 듣는 것을 좋아하고 자신들의 대학교 교수보다 더 많은 생각을 한다. 정작 그들에게 물어보라, 무엇을 했으며, 무엇을 할 수 있는지를."

"그들은 장님보다 더 적은 일을 한다. 내 결론은 이렇다. 당신의 심장이 빨리 뛰는 대신 행동을 더 빨리하고 그것에 대해서 생각해 보는 대신 무언가를 그냥 해라. 가난한 사람들은 공통적인 한 가지 행동 때문에 실패한다. 그들의 인생은 기다리다가 끝이 난다. 그렇다면 현재 자신에게 물어봐라. 나는 가난한 사람인가?"

마윈의 이야기는 실천하기를 망설이는 당신에게 전하고 싶은 메시지이다. 많은 사람들이 지금 경기가 매우 어렵다고 한다. 여러 가지 상황이 좋지 못하기에 투자에 뛰어들기 어렵다고 한다.

하지만 '돈이 없어서, 시간이 없어서, 경기가 어려워서' 못 하는 게 사실일까? 지금 당장 계획을 세우고 시작하라. 망설이지 말고 미래가치에 투자하길 바란다.

성공적인 부동산 투자를 위해서는 미래가치에 투자해야 한다. 그냥 과거 투자 방식으로 한다면 실패하는 사례가 발생할 것이다. 2008년 글로

벌 금융위기 이후 대형보다는 소형 아파트가 인기가 많아졌다. 소형 아파트가 가격도 많이 올랐고, 매매도 잘되었다. 우리나라는 노령화가 급속도로 진행된다. 1인 가족도 늘어나는 추세다.

그렇다면 부동산 미래가치는 어떻게 판단할 수 있을까? 변화가 가능한 저평가된 부동산을 골라 담아야 한다. 교통과 학군, 편의시설 등 불편함이 없는 곳을 찾으면 된다. 그럼 언제 사야 할까? 부동산이 쌀 때 사야 한다는 건 누구나 안다. 하지만 그 시기를 정확히 알 수 없다는 것이 숙제다.

2008년 글로벌 금융위기로 정부에서는 부동산 관련 규제를 모두 완화했다. 양도소득세를 감면하고, 일시적 2주택 비과세를 감면해줬다. 부동산 전문가 대부분이 폭락설을 주장할 때로 당시 상황이 저렴하게 살 수 있는 시기인 것을 알고도 대부분의 투자자는 용기를 내지 못했다.

그렇다면 과학적인 미래가치 투자 방식은 없는 걸까? 부동산은 시간이 지나면 노후되고 가격이 하락한다. 그러므로 토지 가치가 증가하는 곳을 찾아야 한다. 미래가치를 분석할 때 인구 증가와 신역세권 지역을 골라야 한다.

서울 지역 지하철이 개통될 경우 보통 20%가량 상승했다. 교통과 인구 유입으로 투자자의 심리 욕구를 충족하기 때문에 역세권을 골라야 한다.

미래가치 있는 아파트의 조건은 대단지 아파트이면서 초 · 중 · 고등학교가 가깝고, 주변 교육, 쇼핑, 병원, 문화시설과 전철 노선이 가까우면 되겠다. 추가로 강, 공원 등 녹지공간을 끼고 있으면 미래가치가 높은 아파트다. 현시점에서 전세 거래량이 많고 매매 거래량이 적다면 미래가치가 높다고 볼 수 없다.

은퇴한 후에는 대형 아파트의 관리비도 부담된다. 그들은 소형 아파트나 신축 빌라를 찾는 사람이 늘어날 것이다. 소형을 찾는 수요는 급증하는데 소형 아파트 공급이 늦어지고 있다. 소형이 대형보다 더 많이 오른 이유이다. 성공적인 부동산 투자를 위해서는 미래가치에 투자해야 한다. 우리나라는 노령화가 급속도로 진행된다. 1인 가구도 늘어나는 추세다.

그렇다면 부동산 트렌드와 미래가치를 만족하는 투자는 어떤 게 있을까? 변화가 가능한 평가된 부동산을 골라 담아야 한다. 교통과 학군, 편의시설 등 불편함이 없는 곳을 찾으면 된다. 미래가치를 분석할 때 인구 증가와 신역세권 지역을 골라야 한다. 서울 지역 지하철이 개통될 경우 보통 20%가량 상승했다. 교통과 인구 유입으로 투자자의 심리 욕구를 충족하기 때문에 역세권을 골라야 한다. 대단지 아파트이면서 초, 중,

고등학교가 가깝고, 주변 교육, 쇼핑, 병원, 문화시설과 전철 노선이 가까우면 된다. 또 일자리가 늘어나는 곳으로 강, 공원 등 녹지공간을 끼고 있으면 미래가치가 높은 아파트다. 바로 거기에 투자하면 절대 실패하지 않을 것이다.

내 집 마련이 첫 번째 부동산 투자다

내 집 마련이 첫 번째 부동산 투자의 좋은 방법이다.

나는 공항동에 신혼집을 전세로 시작했다. 시작이 조금 불리했다. 첫 번째 부동산이 강서구 아파트에서 시작했다면 남들보다 한 걸음 부동산에서 앞서갔을 것이다. 하지만 나는 익숙한 동네에서 전세로 시작했고 첫 번째 부동산이 신축 빌라 투자였다. 그 시절에는 부동산에 대한 지식도 없었다. 서울 지역 부동산 가격이 오르던 시절이었다. 전세 물건은 거의 없었다. 내가 가진 돈으로는 서울에 아파트를 구하기 어려웠던 시절이다. 일이 끝나면 집을 보러 다녔다.

신축 빌라 하면 나쁜 시선으로 보는 분들도 많다. 하지만 싸게 살 수 있다면 신축 빌라도 좋은 투자 방법이다. 물론 여유가 있다면 소형 아파트를 구매하는 것이 좋다.

최근의 현 정부 부동산 정책은 무주택자에게는 상당한 기회가 될 수 있다. 상대적으로 유주택자, 다주택자에 비해 대출 규제 영향도 덜 받는다. "투기 세력 잡고 있을 테니 무주택자들은 지금 집을 사세요."라는 것 같다. 무주택자들은 신규 아파트를 사거나 분양받을 좋은 시기다.

①무주택세대주, ②주택가격 5억 원 이하 ③부부합산 연 소득 6천만 원 이하(생애최초주택 구매자 7천만 원 이하) 요건을 모두 충족하는 '서민·실수요자'는 현행과 같이 LTV 가산(+10%p)

서민 실수요자를 위한 내 집 마련 지원 상품인 디딤돌대출, 보금자리론의 경우 LTV 규제 비율을 최대 70% 유지한다.

무주택자이고 청약가점 대상이 된다면 청약을 이용하자. 청약가점제란?

1순위 청약자 내에서 경쟁이 있을 경우 무주택 기간(32점), 부양가족수(35점) 및 청약통장가입기간(17점)을 기준으로 산정한 가점점수가 높은 순으로 당첨자를 선정하는 제도

전용면적 85㎡ 이하 당첨자 선정 방법은 가점제 40%, 추첨제 60% (단 예외규정 적용 시 가점제 최대 100%)

국토교통부 '주택청약 부적격 당첨자 통계'에 따르면 최근 5년 간(2014~2019년 8월) 전국에 분양된 152만6563가구 중 16만506명이 자격을 갖추지 못해 당첨이 취소됐다. 열에 한 명 꼴로 무주택 여부 등 기본 정보를 착각해 가점을 잘못 계산한 셈이다.

일반적으로 아파트 분양은 일반공급(60%)과 특별공급(40%)으로 나뉜다. 일반공급은 다시 추첨제(60%)와 가점제(40%)로 분류되며, 추첨제는 또다시 무주택자(75%)와 무주택자+1가구처분서약자(25%)로 나눠진다.

(자료: 국토교통부 2020. 02. 20 보도자료)

청약자격 요건도 복잡하다. 정확히 알아보자.

무주택 특별공급일 경우 만 60세 이상 직계존속까지 포함해 세대주·세대원 모두 주택을 갖고 있어선 안 된다. 무주택자가 부모로부터 주택 한 채를 상속받았다면 투기지역과 투기과열지구에 1순위 청약을 넣을 수 없다. 특히 수도권 공공택지와 투기과열지구 내 전용 85㎡ 이하면 100% 가점제다. 말 그대로 무주택자가 아니면 당첨되기 어려운 구조인 셈이다.

청약 신청 시 구비서류는 다음과 같다.

구분	상세내용
본인 신청 시 (배우자 포함)	주택공급신청서(은행 창구 비치) 본인확인증표(주민등록증 등) 배우자 대리 신청 시 배우자관계 확인서류(주민등록등본 또는 가족 관계 증명원) 청약신청금(제 3순위 신청자에 한함)
제삼자 대리 신청 시	본인 또는 배우자 신청 시 구비서류 외 다음 서류 추가 제출 청약자의 인감증명서 1통(청약자 본인 발급분) 청약자의 인감도장이 날인된 위임장 1통 청약자의 인감도장 대리 신청자의 신분증 청약신청금(제 3순위 신청자에 한함)

청약가점 산정 기준표

가점항목	가점구분	점수	가점구분	점수
①무주택 기간 (32점)	30세 미만 미혼무주택자	0	8년 이상 ~ 9년 미만	18
	1년 미만(무주택자에한함)	2	9년 이상 ~ 10년 미만	20
	1년 이상 ~ 2년 미만	4	10년 이상 ~ 11년 미만	22
	2년 이상 ~ 3년 미만	6	11년 이상 ~ 12년 미만	24
	3년 이상 ~ 4년 미만	8	12년 이상 ~ 13년 미만	26
	4년 이상 ~ 5년 미만	10	13년 이상 ~ 14년 미만	28
	5년 이상 ~ 6년 미만	12	14년 이상 ~ 15년 미만	30
	6년 이상 ~ 7년 미만	14	15년 이상	32
	7년 이상 ~ 8년 미만	16	–	–

②부양가족수 (35점)	0명(가입자 본인)	5	4명	25
	1명	10	5명	30
	2명	15	6명 이상	35
	3명	20	–	–
③청약통장가입기간(17점)	6월 미만	1	8년 이상 ~ 9년 미만	10
	6월 이상 ~ 1년 미만	2	9년 이상 ~ 10년 미만	11
	1년 이상 ~ 2년 미만	3	10년 이상 ~ 11년 미만	12
	2년 이상 ~ 3년 미만	4	11년 이상 ~ 12년 미만	13
	3년 이상 ~ 4년 미만	5	12년 이상 ~ 13년 미만	14
	4년 이상 ~ 5년 미만	6	13년 이상 ~ 14년 미만	15
	5년 이상 ~ 6년 미만	7	14년 이상 ~ 15년 미만	16
	6년 이상 ~ 7년 미만	8	15년 이상	17
	7년 이상 ~ 8년 미만	9	–	–

[무주택 여부 판단기준]

입주자모집공고일 현재 청약통장 가입자의 주민등록등본에 등재된 가입자 및 세대원 전원이 무주택자이어야 한다.

세대원 범위 : 배우자(주민등록이 분리된 배우자 및 그 배우자와 동일한 세대를 이루고 있는 세대원 포함), 직계존속(배우자의 직계존속 포함), 직계비속

소형/서가주택(전용면적 60㎡이하로 주택공시가격 1.3억원(비수도권은 8천만원)이하인 주택)1호(세대)를 보유한 자→ 당해 주택보유 기간을 무주택 기간으로 인정

[무주택 기간 산정기준]

무주택 기간은 청약통장 가입자 및 배우자를 대상으로 산정

무주택 기간은 만 30세를 기산점으로 하되, 30세 이전에 혼인한 경우 혼인신고 한 날부터 기산. 만 30세 미만으로서 미혼인 무주택자의 가점 점수는 '0'점임

청약으로 내 집 마련하는 경우 특별공급 대상자 확인부터 하자.

특별공급은 다자녀가구, 신혼부부, 국가유공자, 노부모 부양자 등 정책적 배려가 필요한 사회계층이 분양(임대)받을 수 있도록 주택 마련을 지원해주는 제도이다. 입주자 모집공고를 확인하고 원하는 지역을 선별해서 준비하자.

무주택자는 아파트 청약을 받는 것이 1순위다. 무주택자가 자산을 불릴 수 있는 최고의 전략은 내 집 마련으로 첫 번째 부동산 투자를 하는 것이다. 주변 시세보다 낮은 아파트를 분양받고 1세대 1주택자에 대한 양도소득세 비과세 요건을 갖춘 후 판다. 일반적으로 1세대 1주택자 양도소득세 비과세 요건은 2년 이상 보유하면 된다. 예외적으로 조정대상지역은 취득 시점에 따라 2년 거주 요건을 갖춰야 한다. 또한, 9억 원 초과 주택을 처분할 경우 초과분에 대해서 보유 기간에 따라 장기보유 특별공제(최대 80%)를 적용한 후 양도소득세를 부과한다.

현금자금이 부족한 경우 중도금 대출이 가능한 9억 원 이하 분양 아파트를 고르는 것이 좋다. 분양가 9억을 초과하면 중도금 대출이 막혀 아파트 계약을 포기할 수 있기 때문이다. 실제로 강남권에서 대출이 막혀 계약을 포기한 물량들이 나오고 있다. 아파트 당첨을 포기하면 당첨된 청약 통장은 다시 사용할 수 없다. 투기과열지구와 조정대상지역에서는 최소 1년에서 최대 5년 동안 재당첨 제한으로 아파트 청약이 어렵다.

분양가 대비 시세 차익을 노릴 수 있는 분양가 상한제 아파트를 공략하자. 서울 동작구와 은평구에서 정비사업이 진행 중이다. 자금 여유가 있다면 청약으로 내집 마련하는 것이 부동산 투자의 좋은 방법이다.

Real Estate Investment School

최소 자금으로 최고 자산을 공략하는 8가지 기술

01 지금 당장 전세 끼고 투자하라

전세를 끼고 하는 부동산 매매는 소액 투자의 정석이었다. 집값과 전세금 차이가 없을 경우 갭투자가 성행했다. 실제로 수백 채씩 갭투자를 했다며, 책을 쓰고 강의를 하는 사람도 늘어났다. 지방에 투자해 이익을 본 사람도 상당수 있다. 2010년도는 전세 끼고 투자하는 갭투자 전성기였다. 전세를 끼고 내 집 마련하는 갭투자는 거주 목적이 아닌 시체 차익을 노리는 투자 방식이다. 갭투자는 전세라는 제도 때문에 가능한 방식이었다. 목돈을 집 사용료로 맡기고 사용이 끝날 때 원금을 돌려받는다. 세입자로서는 상당히 매력적이다. 하지만 실상은 그렇지 않다. 물가 상승률을 따져 본다면 차이가 크다. 10년간 전세를 산다고 했을 경우를 생각해보자. 지금 점심값이 보통 7천~8천 원이다. 10년 전 백반 가격이 4

천 원 정도였다. 물가가 많이 올랐다. 지금 1만 원으로 시장 가서 살 수 있는 것이 얼마 안 된다. 이렇듯 돈의 가치는 떨어진다. 하지만 부동산 폭락설이 돌 때는 있던 집도 팔고, 전세를 선호한다. 전세의 매력은 재산세와 종합부동산세 등 세금을 내지 않는다는 것이다. 절세할 수 있다. 이렇게 전세를 원하는 세입자가 늘어난다면 갭투자는 효과적이고 확실한 투자가 될 것이다.

과도한 갭투자가 문제가 된다. 집값과 전세금이 떨어져 파산하거나 경매를 당하는 예도 있다. 무리한 갭투자는 절대 하면 안 된다.

그렇다면 전세 레버리지 투자는 지금도 가능할까? 가능하다.

전세 레버리지 투자는 집이 계속 늘어나는 시스템이다. 투자해서 집의 개수를 늘려서 큰 수익을 만들어내는 방법이다. 이 내용은 웬만한 부동산 관련 책에 다 나와 있는 내용이다. 이런 방법으로 많은 사람이 따라 했다. 성공해서 실제 사례로 나타나고 책도 쓰고 강사를 하는 분도 있다. 그러나 현재는 전세가와 매매가 차이가 벌어졌다. 정부 정책도 규제가 심해져서 어려워졌다. 그런데도 전세 레버리지 투자를 해야 한다. 누구나 할 수 없고, 대상도 찾아야 한다. 그래서 더욱더 좋은 투자 방식이다. 우리나라에서는 부동산이 아니면 부자 되기 어렵다. 그래서 전세 끼고 투자를 하는 것이다. 전세를 낀 갭투자 수익형 투자를 하면 된다.

| 월급쟁이를 위한 부동산 투자 스쿨

예를 들어 전세 끼고 1채, 2채, 3채를 한다면 전세 상승이나 시세 차익이 얼마나 될까? 하지만 10채라면 말이 달라진다. 1천만 원씩 10채면 1억 원이 생긴다. 힘들고 어렵게 느껴지더라도 최소 자금으로 투자할 수 있는 시스템을 구축한다면 최고의 투자 방식이 될 것이다. 투자하다가 전셋값은 오르지 않고 매매 가격이 오른다면 바로 팔아야 한다.

부동산 투자 전문가라고 하는 사람들이 부동산 시장을 몇 번이나 예상하고 맞췄을까? 내가 예상하고 원하는 대로 시장이 움직인 적이 몇 번이나 있었나 생각해보자.

경제학자도 부동산 시장을 몇 번 못 맞췄다. 경제위기 때 한 번 맞췄다. 그다음에는 맞추질 못했다. 우연히 맞춘 거라 생각하지만 어려운 경제 용어를 남발하고 논리적으로 설명하다 보니까 실력으로 맞췄다고 생각할 수 있다.

부동산 시장은 우리가 예측하는 범위를 벗어난다. 이때 엄청난 일이 생기고, 큰 수익도 만들어진다. 물론 기대와 정반대로 큰 피해도 발생할 수 있다. 그런 걸 다 대비할 수 없기 때문에 전세 레버리지 전략을 써야 한다. 그런 위기가 오면 당신에게 큰돈을 만들어줄 것이다. 큰 기대도 하지 않았는데 부동산 가격이 내려서 매수하기 좋은 시기가 왔다. 이것은 좋은 기회다.

물론 레버리지 투자를 하기는 쉽지 않다. 하지만 우리는 손놓고 있을 수는 없다. 지금은 아파트 가격이 많이 올라서 다른 대상을 찾아야 한다. 그렇다면 빌라를 가지고 전세 레버리지를 할 수 있을까? 생각해보자.

빌라는 쉽게 살 수 있고, 잘못될 확률이 높다. 안전하고 특별한 일이 없는 한 전세금이 떨어질 리가 없는 아파트를 통해서 전세 레버리지 전략을 하는 것이 더 좋겠다. 그래도 빌라를 이용한 전세 레버리지 투자를 할 수밖에 없다면? 어떤 빌라를 골라서 전세 레버리지 전략을 세워야 할까?

뉴스에서 봤듯이 빌라는 누구나 쉽게 사는 만큼 잘못된 사례도 매우 많다. 역전세난으로 빌라 100채 주인은 도망갔다는 뉴스들도 많이 나왔다. 그래서 빌라를 가지고 전세 레버리지 투자를 하는 것은 더욱더 주의해야 한다.

전세 레버리지 투자를 할 수 있는 빌라는 어떤 빌라일까?

초역세권이어야 한다. 신축 빌라를 싼 가격에 사야 한다. 임대 수요가 늘어나거나 풍부한 곳이어야 한다. 그 외에 빌라는 쳐다보지 않는 게 좋다. 초역세권은 알겠는데 싼 가격이란 얼마나 싼 걸 말하는 걸까? 전세 비율이 80% 이상 되는 것을 싼 빌라라고 보면 된다. 급매가의 80~90%로 매수할 수 있으면 좋다. 여기서 말하는 급매가란 지금 당장 부동산에 내놓으면 한 달 이내에 팔릴 가격이라 생각하면 된다.

임대 수요가 점점 늘어갈 곳은 어디일까?

당연히 강남이다. 하지만 가격이 비싸서 문제다. 과거에 강남의 빌라를 샀던 사람들이 다 어떻게 됐을까? 부자가 됐다. 그렇다면 강남 외에 다른 곳에 빌라를 샀던 사람들은 어떻게 됐을까? 손해는 보지 않았다. 그냥 가격이 많이 안 올라갔다. 망한 건 아니다.

예를 들어 투룸을 기준으로 해서 전용 8평(24㎡), 실사용 15평(45㎡) 면적, 대략적인 매매가는 3억 2,500만 원이고 전세는 2억 9,500만 원이면 투자금은 약 3,000만 원 정도 필요하다. 이 정도 가격의 부동산에 투자하면 된다. 물론 세금 및 기타 비용은 생략한 대략적인 금액이다.

전세를 끼고 내 집 마련하는 갭투자는 거주 목적이 아닌 시체 차익을 노리는 투자 방식이다. 갭투자는 전세라는 우리나라만의 독특한 제도 때문에 가능한 방식이었다. 목돈을 집 사용료로 맡기고 사용이 끝날 때 원금을 돌려받는다. 세입자 입장에서는 상당히 매력적이다.

이렇게 전세를 원하는 세입자가 늘어난다면 갭투자는 효과적이고 확실한 투자가 될 것이다. 하지만 과도한 갭투자가 문제가 된다. 집값과 전세금이 떨어져 파산하거나 경매를 당하는 예도 있다. 무리한 갭투자는 절대 하면 안 된다.

그렇다면 전세 레버리지 전략은 지금도 가능할까? 가능하다. 전세 레버리지 투자는 전셋값과 매매 가격의 시세 차익을 이용한다. 투자해서 집의 개수를 늘려서 큰 수익을 만들어내는 방법이다. 이 내용은 웬만한 부동산 관련 책에 다 나와 있는 내용이다. 이런 방법으로 많은 사람이 따라 하고 성공해서 실제 사례로 나타나고 책도 쓰고 강사를 하는 분도 있다. 현재는 전세가와 매매가 차이가 벌어졌다. 정부 정책도 규제가 심해져서 어려워졌다. 그런데도 전세 레버리지 투자를 해야 한다. 누구나 할 수 없고, 대상도 찾아야 한다. 그래서 더욱더 좋은 투자 방식이다.

우리나라에서는 부동산이 아니면 부자 되기 어렵다. 그래서 전세 끼고 투자하는 것이다. 전세를 낀 갭투자 수익형 투자를 하면 된다. 예를 들어 전세 끼고 10채를 한다면, 전세 상승금이나 시세 차익이 1천만 원씩 10채면 1억 원이 생긴다. 힘들고 어렵게 느껴지더라도 최소 자금으로 투자할 수 있는 시스템을 구축한다면 최고의 투자 방식이 될 것이다. 투자하다 보면 전셋값은 오르지 않고 매매 가격이 오른다면 바로 팔아야 한다. 이것이 전세 레버리지 투자다. 지금 당장 전세 끼고 투자하자.

전세 끼고 레버리지 전략을 세워라

정부의 규제가 심해지고 있다. 그럼 언제 전세 끼고 레버리지 전략을 세워야 하는가? 부동산 매매보다 전세를 선호하게 될 때 전세 레버리지 투자를 하면 된다. 전셋값이 더 오를 수 없는 시점이 되면 매매 전략을 사용한다.

부동산 투자에서 빌라는 아파트 다음으로 매력적이다. 소액으로 투자할 수 있는 장점도 있다. 입지 좋은 곳의 빌라는 아파트와 비교했을 때 싸다. 투자 초보나 소액 투자자에게는 아주 매력적인 대상이다.

지난 몇 년간 강서구 빌라 갭투자가 유행했다. 단돈 1천만 원으로 빌라를 사고, 취·등록세 낼 돈만 있으면 되었다. 어떤 경우는 더 나아가서 집을 1채 사면 오히려 500~1,000만 원을 받을 수 있었다.

어떻게 가능할까? 매매가 2억짜리 집을 2억 1,000만 원 전세로 놓는다면 오히려 1,000만 원이 들어온다. 취·등록세 내더라도 돈이 남는 방식이다. 2019년 뉴스에 집주인을 고소한다고 나올 정도로 문제가 되었다. 무리한 부동산 투자로 자살하는 사건이 보도되기도 했다. 이들은 모두 무리하게 빌라에 투자하다가 은행 빚에 몰려 극단적인 선택을 한 것이었다. 갭투자 열풍은 오래가지 못했다. 역전세난에 대부분 실패했다. 한마디로 역세권이 아닌 신축 빌라는 투자 가치가 없다. 빌라는 감가상각이 되기에 땅의 가치를 따져야 하지만 새 빌라는 매매가가 아파트보다 투명하지 않다.

같은 시기에 강남 지역에 신축 빌라 투자했던 사람들도 있었다. 같은 하늘 아래지만 강남 신축 빌라 투자자들은 부자가 되었다. 소액인 3,000만 원 투자로 여러 채를 동시 매입했다. 3억이면 10채 정도도 가능했다. 시세 차익으로 보통 한 채당 투자금 대비 2~3배씩 올랐다. 전셋값만 그정도 올랐다. 그렇다면, 신축 빌라도 투자 가치가 있는 것일까? 일단 빌라에 투자했을 때 수익금을 따져 보면 된다.

- 2007년도 평균 매수 가격 1억 3,000만 원,

  전세 1억 원, 최초 투자금 3,000만 원
- 2018년도 매도 가격 약 3억 4,000만 원,

  전세 2억 2,000만 원

매도차익 2억 1,000만 원, 최초 투자금 3,000만 원, 투자금 대비 7배 정도의 수익을 냈다. 대단한 수익률이다. 소액으로 빌라 투자를 할 때 수익을 낸 결정적인 요인은 무엇일까? 그것은 바로 초역세권이라는 점이다. 아파트도 강남 아파트 가격이 오르듯이, 강남은 일자리와 수요가 넘치는 곳이다. 또 다른 요인은 강남 아파트 공급이 부족했다. 그 부족한 수요를 빌라가 대신하면서 놀라운 수익률이 발생한 것이다.

똑같은 투자로 지역에 따라서 미래가치가 달라진다. 투자 초보자에게 이런 지역을 고를 수 있는 눈이 있는가? 아무리 좋아도 보는 눈이 없다면 아무 쓸모없다. 부동산 전문가들이 마포구 쪽을 지목한다. 유튜브 방송에서 마포구를 지목하여 판매하는 사례도 있다. 이렇게 방송을 한번 타면 순식간에 상품이 사라진다. 내가 판단하기에는 전철 역세권도 아닌 B급 빌라인 것으로 판단했다. 하지만 뚜껑은 열어봐야 아는 것 아니겠는가? 전문가라고 해도 100% 맞출 수는 없다. 그래서 나는 다른 시점으로 마포 신축 빌라를 바라보았다. 여기를 보니 대학교가 밀집해 있었다. 입

지적으로 우수하고 기반시설도 충분해 보였다. 셰어하우스를 해도 되는 상황이고, 전셋값이 올라갈 여지가 충분해 보였다. 일단 서울이고, 전세 수요가 많은 지역이다. 셰어하우스를 하는 전세 세입자를 구한다면 5~7년은 별다른 리스크 없이 시세 차익을 노려볼 만하다는 평가를 새롭게 했다.

투자 가치 있는 신축 빌라는 매매가 대비 전셋값이 높은 물건을 고른다. 가격이 싼 빌라 고르는 방법은 상당히 어렵다. 아파트처럼 가격이 투명하지 않기 때문이다. 가격이 싼지 적절한지 판단을 해야 한다. 가장 확실한 방법이 전셋값을 알아보면 거의 정확하다. 매매 가격이 2억이라면 전셋값은 1억 7천만 원은 돼야 한다. 이 정도 금액이라면 충분하겠다. 만약 투자 지역이 초역세권이라면 부동산 가격은 언젠가 오른다.

서울 신축 빌라와 수도권 신축 빌라 투자 시에 정확히 따져봐야 한다. 내가 실제 투자하는 금액이 얼마인지, 4년 후 6년 후에 매매했을 때를 생각해야 한다. 혼자서 판단하기 어렵다면 언제든지 전문가에게 조언을 구하자.

서울의 경우는 앞으로 재개발과 재건축으로 인한 수요가 계속 발생한다. 인구가 늘지 않아도 '이주 수요' 때문에 서울을 추천한다. 즉 신축 빌라면서 서울이면 좋다는 것이다. 무조건 서울이라는 것은 아니다.

안정적인 수요와 적은 자금으로 투자 가능한 곳, 인구 증가가 예상되는 곳에 투자하기 바란다. 빌라 투자를 결심했다면 발품을 많이 팔아야 한다. 최대한 깎아서 산다면 투자에 성공할 수 있다. 그럼 얼마를 깎아야 제대로 사는 걸까? 전세 가격이 적정한 빌라일 경우 과감하게 깎아서 가격을 불러본다. 그리고 내가 원하는 가격대까지 흥정하면 된다. 예외적으로 협상이 어려울 때도 있다. 빌라 가격을 적정 수준으로 내려놓은 상태라면 어려울 수도 있다. 이럴 때는 주변에 다른 빌라를 선택하면 된다. 만약 빌라가 이것밖에 없다면 이사 비용이라도 깎아서 산다는 마음으로 느긋하게 흥정하면 된다. 빌라마다 마지노선이 있다는 것을 명심한다면 내가 원하는 물건을 원하는 가격에 살 수 있을 것이다.

부천에서 분양할 때다. 건축주 사장님이 본업은 따로 있고 투잡으로 건축을 하셨다. 1년에 2채를 지었다. 현금이 40억 가까이 되다 보니 다른 건축주보다 자금 사정이 넉넉했다. 사장님은 최고급으로 자재를 사용했다. 지진이 나도 버틸 만큼 튼튼하게 건축했다. 철근도 규정보다 더 넣었다. 친동생이 입주했을 정도였다. 친동생이 살아도 될 만큼 내장재까지 완벽하게 건축하셨다. 사장님은 마지막 1채 남았을 때는 거의 원가에 분양하기도 했다.

인근 신축 빌라는 가격이 처음부터 저가로 시작한 곳도 있었다. 남들 2

억 5천에 분양하는데 여기는 2억 3천에 판매했다. 터파기 할 때부터 보았는데 건물 지어지는 속도도 엄청나게 빨랐다. 자재들과 내부 마감재도 싸구려를 사용해서 겉만 화려하게 해서 파는 경우였다. 이런 집은 하자도 많고 나중에는 문제가 생길 가능성도 있다. 물론 하자 보수금으로 처리하면 되기 때문에 걱정은 조금만 해도 된다.

또 다른 현장은 지하철 역세권이었다. 가격도 비싸고 자재도 좋은 걸 사용했다. 하지만 가격이 다른 신축 빌라보다 3천만 원 비쌌다. 가격 흥정을 하면 이사 비용 정도만 깎아주면서 분양을 했다. 다소 시간이 걸리더라도 몇 개월 내에 분양이 완료되었다.

터파기하는 단계에서부터 선분양하는 현장도 있었다. 모델 하우스가 아닌, 위치와 도면만 보고 계약하는 경우다. 일반인은 매매할 수도 없다. 누가 건축주인지 모를뿐더러 개인은 상대해주질 않는다. 이런 경우 분양을 받을 수만 있다면 앉은 자리에서 몇 년의 시세 차익을 볼 수 있다. 왜냐하면, 10~20%까지 저렴하기 때문이다. 그러나 그런 행운도 많은 현금이 선입금 되어야 거래가 성사된다. 하지만 투자 대비 이것보다 더 좋은 것은 없다. 계약서는 작성하지만, 건축주와 개인 간 거래이고, 실제 신고는 준공이 떨어지고 나서 하기 때문이다. 이 경우는 투자자 입장에서는 아주 좋은 물건이다. 합법적으로 진행하면서 기대 이상의 이익을 기대할 수 있는 경우지만 자세한 내용은 책에서는 공개하기가 조금 어렵다. 나에게 직접 찾아와 조언을 구한다면 자세히 알려주겠다. 건물이 지어지고 나면 건축주가 직접 분양할 때도 있지만, 외주업체에 맡겨서 분양하기도 한다.

손님 A는 신축 빌라를 6개월 이상 보고 다녔다. 이분은 보통 중개사들보다도 신축 빌라 가격을 더 잘 알고 있었다. 그분은 마지막에 나와 빌라를 보고서는 두말없이 그 자리에서 계약했다. 본인이 처음 분양할 때 가격보다 현재 2천만 원 이상 내려서 분양 판매하는 걸 알고 있었다. 이 경우는 거의 다 판매되어 이익금이 거의 다 회수된 경우로서 마지막 1~2채는 원가에 서둘러 판매되는 사례였다.

한편 B는 한 번에 남향 라인 10채에 투자했다. 이 경우는 건축주와 협상해서 가격 할인을 크게 받았다. 반면 때에 따라서는 한 채에 100만 원 정도밖에 할인을 못 받는 경우도 있었다.

정부의 규제가 심해지고 있다. 그래도 찾아보면 투자할 기회는 생긴다. 아파트 규제가 심할 때는 신축 빌라 전세 끼고 레버리지 전략을 세워보자. 부동산 매매보다 전세를 선호하게 될 때 전세 레버리지 투자를 하면 된다. 전세 값이 더 오를 수 없는 시점이 되면 매매 전략을 사용한다. 부동산 투자에서 빌라는 아파트 다음으로 매력적이다. 소액으로 투자할 수 있는 장점도 있다. 입지 좋은 곳의 빌라는 위치가 아파트와 비교해 싸다 보니 투자 초보나 소액 투자자에게는 아주 매력적인 대상이다. 신축 빌라는 내가 사는 시점에 환경과 시간, 분양 조건에 따라 가격을 저렴하게 살 수도 있고 그렇지 않을 수도 있다. 이왕 신축 빌라를 구매하기로 했다면 네이버 카페 '한국부동산투자협회'에 가입해서 조언을 요청하라. 성심성의껏 도와드리겠다.

03

소액물건 경매로 투자하라

현재 당신은 경제적으로 얼마나 만족하는가? 만족의 기준은 다를 것이다. 그냥 평범한 삶을 원하는 이도 있고, 끊임없이 돈을 원하는 사람도 있을 것이다. 돈이 인생의 전부는 아니지만, 돈으로 할 수 있는 것들은 아주 많다.

어떤 성공 세미나에서 강사가 이야기했다. "우리가 버킷리스트 50개를 작성하면 그중에 90% 이상은 돈으로 해결할 수 있습니다." 나도 그 말에 동감했다. 그렇다. 우리의 삶에서 돈으로 안 되는 걸 손으로 꼽을 정도다.

대부분의 사람들은 매달 받는 월급으로 하루하루를 살아간다. 부족한 부분은 카드로 메운다. 그런데 돈이 많았으면 좋겠다고 하면서 정작 돈을 어떻게 벌어야 하는지 모르는 경우가 많다. 경험이 없어서 두려움에 아무것도 하지 않는다. 그렇다면 돈을 어떻게 벌 것인가? 무조건 이기는 투자는 없는 것일까? 돈이 많기를 바라기만 하고 실제 간절함은 없는 경우가 많다. 돈에 대한 생각이 바뀌지 않으면 돈은 절대로 따라오지 않는다. 우리나라 중산층 기준은 월 소득 416만 원 이상을 벌어야 하고, 순자산 3.8억 원, 주택 가격 2.2억 원을 넘겨야 한다는 기사를 보았다. 이 기준이라면 대부분의 사람은 가난한 인생이라 평가할 것이다.

최소 자금으로 최고 자산을 공략하는 방법이 여러 가지가 있다. 그중 소액물건 경매로 투자하면 성공할 수 있다. 정해진 규칙 안에서 꼼꼼하게 투자하면 무조건 이기는 경매 투자가 된다. 어렵지 않다. 발품을 팔아 시세보다 싸게 산다면 실패 보지 않는 부동산 투자가 될 것이다.

책을 통해서 필요한 지식을 습득하고 경매장으로 가보자. 책을 읽고 긍정적인 에너지로 충만해져도 책을 덮고 약간의 시간이 흐르면 그 열정은 어디론가 사라진다. 실무 위주로 기술된 책을 골라서 정독한 뒤 경매장으로 가서 입찰 연습을 해보자. 입찰가도 산정해보고 입찰표도 작성해보자. 그리고 원하는 가격과 조건의 물건을 찾으면 나 홀로 입찰을 해보자. 혼자가 어렵다면 멘토를 만들어보는 것도 좋다. 경매 투자 절대 원칙, 내가 감당할 수 있는 금액으로 시작해야 한다. 1억 1,000만 원이라면 초기 투자금이 3,300만 원과 대출 7,700만 원이 있으면 되겠다 하고 계산할 수 있으면 된다. 그렇다고 너무 열정만 앞세워서 낙찰을 받으려고 하면 어려워질 수 있다. 절대 원칙을 잊지 말자. 이렇게 한다면 당신은 어느새 성공한 투자자로 발전할 것이다.

돈이 없어도 자신은 행복하다고 말할 수 있을까? 가난에서 벗어나는 방법을 제시하겠다. 돈이 없을수록 소액물건 경매로 투자하라는 것이다. 특히 40대를 바라보는 월급쟁이라면 재테크를 시작해야 한다. 재테크는 돈을 시간과 바꾸는 일이다. 돈이 없는데 어떻게 재테크를 하느냐고 반문할 수도 있다. 통장 잔액은 바닥이고 매월 카드로 생활할 수도 있다. 이럴수록 추가 수익을 만들고 내가 일하지 않아도 돈을 버는 구조를 만들어야 한다. 처음에는 1~2억 미만 소액물건을 경매로 시작한다. 많은 돈은 벌 수 없어도 안정적으로 투자할 수 있다. 월세 수요가 많은 지역은 적은 금액으로 투자하자. 지금 당장 돈이 없어도 소액물건 경매로 돈 버는 투자를 준비하라. 돈을 모으는 방법을 찾고 집중하라.

최근 정부의 2·20 대책은 조정대상지역의 대출 규제를 현행보다 강화하는 내용이다. 다주택자에 대한 강력한 압박으로 볼 수 있다. 하지만 이런 규제를 어떻게 활용할 수 있는지 생각해보면 된다. 부동산 시장은 예측 불가한 영역이다. 규제가 심하면 투자자들은 현명하게 늘 새로운 투자처로 이동했다. 사실 경매는 어렵지 않다. 쉽게 따라 할 수 있다. 하지만 초보 투자자가 많은 수익을 내기는 조금 어렵다. 그래도 실망할 필요도 없다. 한 걸음 한 걸음 걷다 보면 어느새 달리고 있는 자신을 보게 될 것이다. 처음에는 최소 자금으로 소액물건 경매를 시작하면 된다.

경매를 처음 시작할 때였다. 돈을 쉽게 벌 수 있다는 생각에 가슴이 벅 찼다. 경매를 처음 공부하게 되면 권리 분석부터 배운다. 너무 이해가 잘 되었다. 젊은 나이에 책 한 권 읽고서 경매장으로 향했다. 그때는 무서움

도 없이 나 홀로 경매장으로 갔다. 입찰 가격을 확인하고 법원 내 은행에서 한 장짜리로 입찰 보증금을 찾아서 입찰표를 작성해서 넣었다.

처음 경매는 패찰되었다. 나는 차순위였다. 낙찰자와 5천만 원 차이가 났다. 도대체 뭐가 문제인지 몰랐다. 나는 가격만 보았으나 낙찰자는 미래가치까지 포함해서 경매했던 것이었다. 하지만 지금도 나는 무리하게 입찰하지 않는다. 기본에 충실하고 감정에 휘둘리지 않는다. 경매 초보자일수록 원칙을 고수해야 한다. 낙찰이 중요한 것이 아니다. 낙찰 후 어떻게 시세 차익을 낼 것인가? 최대한 월세 수익을 낼 수 있는가에 초점을 맞추어 전략을 세우면 된다.

그럼 어떻게 하면 되는지 확인해보자. 제일 먼저 경매 물건을 찾아야 한다. 대법원 경매 사이트 외에도 유료 경매정보 사이트에서 지역과 물건을 검색한다. 처음이니까 2억 미만 물건을 찾아본다.

물건을 찾았으면 실제 물건이 있는 현장에 가봐야 한다. 보통 임장이라고 한다.

1. 일단 물건지 동네 한 바퀴를 돌아보자.
2. 시세는 10곳 이상의 중개사무소에서 조사하자. 중개사분께 솔직하게 물어보면 된다.
3. (아파트인 경우) 체납관리비를 알아보자.

－ 체납된 전체 관리비(전기세, 수도세) 중 공용 부분에 해당하는 금액이 있
  는지 알아본다.

－ 연체 이자와 연체된 기간도 체크한다.

4. 물건 조사 체크리스트를 활용하자. 초보일 때는 빼먹을 수 있으니
   체크리스트로 습관을 들이면 좋다.

경매 물건지 인근의 부동산 사무실에 방문해서 질문한다. 부동산에서
확실한 시세 파악을 위한 5가지 질문이 있다.

1. 이 물건 시세는 얼마인가?

2. 물건 급매가는 얼마인가?

3. 비슷한 조건의 물건은 무엇이고, 현재 가격은 얼마인가?

급매물을 조사했다면 다음으로는 해당 물건과 경쟁이 될 만한 물건이
얼마나 있는지 파악하는 게 중요하다.

4. 저층과 탑층은 얼마에 거래가 되는가?

5. 해당 물건이 매매가 잘되고 있는가? 안 된다면 이유는 무엇인가?

본인 입찰 시 준비물은 신분증, 도장, 입찰 보증금이 있으면 된다. 대

리인 입찰 시 준비물은 입찰자의 인감 증명서, 위임장 및 인감도장, 대리인 신분증과 도장, 입찰 보증금이 있으면 된다.

낙찰 후 점유자와 원만한 합의를 위한 대화법

1. 첫 대면 시 점유자의 저항감을 최소화하라.

이를 위해 낙찰자가 아닌 대리인으로 대화를 시도하자(3자 화법). 점유자에게 도움을 주기 위해 방문했다는 점을 강조하면서 낙찰자로서의 의사를 분명하게 한다(예: "나는 직원이다. 회사에 이야기해 보겠다. 나는 대리인이다."라고 하면 된다.).

2. 두 번째 대면 – 이사비 협상

합의를 하더라도 점유자에게 법적인 절차 및 유의 사항을 담은 문서를 전달한다. 이유는 말보다 문서가 상대방을 압박하는 데 효과적이기 때문이다. 만나는 게 무섭다면 문자를 보내는 것도 좋다. 당신만 처음이 아니다. 세입자도 처음일 것이 분명하다. 너무 두려워하지 않아도 된다.

3. 명도 마무리– 점유자를 배려하면 웃으며 헤어질 수 있다.

명도를 위한 법적인 절차

㉠ 인도명령은 잔금 납부와 동시에 신청하자.

강제 집행을 하려면 이전에 인도명령 결정문을 받아야 하는데, 합의와는 상관없이 낙찰 잔금을 납부하자마자 바로 신청해두는 것이 좋다. 보통 법무사가 잔금 납부 및 소유권 이전 업무를 하면서 인도명령을 같이 신청해주는데, 혹시 모르니 미리 확인하기 바란다.

(낙찰 후 6개월 이내에 신청해야 하고, 대상자는 대항력 없는 임차인, 채무자, 소유자, 말소기준 권리보다 후순위인 자로 점유의 권한이 없는 사람들이다.)

ⓛ 원만한 합의를 위한 '적정한 명도 비용'은 강제집행 비용에 이자와 기회비용을 더한 금액을 기준으로 정한다. (평당 3만 원 정도로 정한다.)

명도할 때는 이렇게 하자.

배당기일, 배당금액, 최우선변제 알려주고, 현재 사는 데 큰 지장 없으시면 재계약하자고 한다. 세입자가 이사 간다고 할 경우 도배, 장판만 깨끗하게 해놓고 부동산 카페를 포함한 온라인에 광고한다. 인근 부동산에도 30군데 내놓는다. 이사비용은 50% 선지급으로 이사 후 깨끗한 집을 양도받는다.

부자는 재테크 및 사업으로 본인이 일하지 않아도 수입이 생기는 시스템을 만든다. 낙찰받은 물건의 공실 위험, 중개 수수료, 각종 수리비, 불필요한 경비가 빠지게 된다.

| 월급쟁이를 위한 부동산 투자 스쿨

- 부동산 시장의 성수기와 비수기

12월 중순 ~ 2월 초순 (구정 전) → 1차 성수기

2월 중순 ~ 8월 중순 → 1차 비수기

8월 중순 ~ 9월 초순 (추석 전) → 2차 성수기

9월 중순 ~ 12월 초순 → 2차 비수기

- 세금을 줄이는 5가지 방법

1. 공동명의를 활용한다.

2. 일시적 1가구 2주택도 비과세 혜택을 받을 수 있다.

3. 양도 시기를 잘 조절해서 양도세를 줄인다.

4. 양도 시기 조절로 재산세도 줄일 수 있다.

   (재산세 부과 기준일이 매년 6월 1일)

5. 임대 주택 등록 시 거주 주택 비과세 혜택을 활용하자.

04 월세 300만 원 파이프라인을 만들어라

현시대를 사는 보통 사람들은 10년 동안 돈을 모아도 서울에 아파트 한 채 마련하기 어려운 시대에 살고 있다. 맞벌이가 필수인 시대이고 어쩔 수 없이 외벌이를 한다면 가장의 투잡은 기본이다. 낮에는 회사에 다니고 밤에는 대리 운전하고, 토요일과 일요일은 식당 아르바이트를 하는 경우도 많이 있다.

나 역시 정보통신 중소기업에 다니며 외벌이로 살다 보니 세 식구지만 돈이 모자랐다. 대출이자에 생활비, 보험료까지 한 달 300이 넘게 들어갔다. 그래서 평일에는 돈을 벌기 위해 투잡을 했다. 회사 일이 끝나면 다른 회사의 업무를 대신 처리해주며 돈을 벌었다. 보통 사람들은 시간 당으로 돈을 받지만 나는 1건당 20~30만 원 정도였다. 하루하루 일만 했다. 아무 생각 없이 돈 벌 생각만 했다. 내가 할 수 있는 제일 나은 방법은 내가 가진 기술을 최대한 이용해서 많은 돈을 받는 일을 하는 것이었다. 야간에는 외주팀까지 데려가서 큰 공사를 대신 처리해주는 일도 했다. 이때는 하루에 100만 원도 벌었다.

하루는 밤새워 일하고 새벽 6시쯤에 집에 들어왔다. 평소처럼 씻고 누우려고 했는데 속이 매스꺼웠다. 술을 먹은 것도 아닌데 머리는 어지럽고, 토하는 느낌이었다. "이렇게 일하다가는 조만간에 죽겠구나!" 이런 생각이 순간 머릿속을 스쳐 지나갔다. 더 몸이 버티지를 못할 것 같았다. 죽은 동료 생각이 났다.

같은 회사 동료 박 부장은 엄청난 술꾼으로 밤새 술 마시다가 다음 날 멀쩡하게 일하던, 강철 체력을 자랑하던 사람이었다. 나더러 저질 체력이라고, 그 체력으로 어떻게 일하냐며 자주 면박을 주었다. 그런데 어느 날 박 부장의 입원 소식이 들려왔다. 어제까지 멀쩡하게 술을 마셨던 사람이 폐암에 걸려서 병원에 누워 있다 하니 어이가 없었다. 그렇게 건강하고 체력 하나는 타고났다며 평소 큰소리치던 사람이었다.

박 부장 부인이 돈을 벌겠다고 네트워크 마케팅을 했다고 한다. 돈 욕심이 나서 무리하게 사재기로 등급을 올렸는데, 모든 것이 마음처럼 되질 않아 빚만 늘어났다. 그 돈을 갚기 위해 박 부장은 투잡을 몇 년간 계속해온 듯했다. 그러나 몸의 면역력이 떨어지면서 폐암과 합병증이 오게 되었다. 내 살을 깎아서 돈을 벌었던 것이다. 유치원 다니는 아들과 부인을 뒤로한 채 박 부장은 그해를 넘기지 못하고 세상을 떠났다.

갑작스레 박 부장 생각이 난 나는 이때부터 부동산을 공부하기 시작했다. 시간 날 때마다 큰누나가 운영하는 부동산 사무실에 들러서 경매도 배웠다.

누구나 출근하지 않고 수입이 생기길 원한다. 당신도 그럴 것이다. 내가 일하지 않아도 매월 300만 원의 여윳돈이 생긴다면 얼마나 좋을까? 사람들은 내게 이렇게 묻는다.

"경매 투자를 하고 싶은데, 가진 돈이 없어요. 어떡하면 좋을까요?"

"얼마 정도 있으세요?"라고 물어보면 보통 3천에서 1억 정도 갖고 계신 분들이 대다수였다. 경매는 여윳돈이 많으면 많을수록 좋다. 그렇다고 1천만 원으로 할 수 없는 게 아니다. 아래 낙찰 건을 보자. 500만 원만 있어도 충분하다

수익 분석(빌라) 매매가 5,700만 원, 낙찰가 4,029만 원, 경락잔금대출 3,990만 원, 실투자금 39만 원이다. 여기서 보증금 500만 원을 받는다면 오히려 내 돈은 들어가지 않는다. 월세를 30만 원 받는다면 대출 이자 빼고 대략 17만 원의 수익이 매달 발생한다.

관련 물건번호	1 낙찰	2 유찰							

2019타경 ● 인천지방법원 본원 ● 매각기일 : 2020.02.13(木) (10:00) ● 경매 13계(전화:032-860-1613)

소재지	인천광역시 중구			도로명주소검색 Dʌm 지도 NAVER 지도				
새 주소	인천광역시 중구							
물건종별	다세대(빌라)	감정가	57,000,000원	구분	입찰기일	최저매각가격	결과
대 지 권	11.82㎡(3.576평)	최저가	(70%) 39,900,000원	1차	2020-01-03	57,000,000원	유찰
건물면적	32.79㎡(9.919평)	보증금	(10%) 3,990,000원	2차	2020-02-13	**39,900,000원**	
매각물건	토지·건물 일괄매각	소유자		낙찰: 40,290,000원 (70.68%)			
개시결정	2019-05-16	채무자		(입찰2명/낙찰:천안 김상원)			
사건명	임의경매	채권자		매각결정기일 : 2020.02.20 - 매각허가결정			
				대금지급기한 : 2020.03.27			

예시) 수익 분석(빌라) 매매가 7,500만 원, 낙찰가 3,500만 원, 경락잔금 대출 3,000만 원, 실투자금 500만 원, 보증금 1,000만 원(+500 zero 투자) 월세 30만 원-10만 원(대출이자)=20만 원 수익 생김

예시) 수익 분석(아파트) 1억 8,000만 원, 낙찰가 1억 5,600만 원, 경락 대출 1억 2,000만 원, 실투자금 3,000만 원, 보증금 3천(zero 투자) 월세 65만 원-35만 원(대출이자)=30만 원 (수익)

그렇다면 월세 300만 원이 가능하다는 계산이 나오지 않는가? 매달 30만 원 나오는 물건이 10채라면 매월 300만 원이 나온다. 경매는 두려움을 극복한 자만이 누릴 수 있다. 경매는 1천만 원으로도 가능하고 500만 원으로도 가능하다. 투자 마인드와 열정만 있으면 누구나 성공할 수

있는 게 부동산 경매 투자다. 부정적인 생각만 하는 사람은 결코 성공할 수 없다. 투자하는 대상이 빌라만 있는 것이 아니다. 어느 정도 수익이 생긴다면 아파트와 상가, 오피스텔도 도전할 수 있는 실력과 자본도 축적될 것이기 때문이다.

평생 돈 걱정 없이 사는 부동산 투자 계획을 세워보자. 처음부터 무리한 투자를 할 필요도 없고 욕심을 내서도 안 된다. 초보인 당신이 걷기도 전에 뛰어가려고 한다면 반드시 넘어질 것이다. 1년에 2~3건을 목표로 꾸준히 공부하고 입찰하다 보면 언젠가는 기회가 온다.

지인은 직장인이었다. 매번 월차를 내기가 어려웠던 그였으나 경매가 있는 날에는 가능한 월차를 내고 법원 경매장에 앉아 있었다. 한곳에 여러 건의 물건이 동시에 나왔다. 시간이 부족했던 그는 1건만 시세 파악을 제대로 해서 입찰가를 써넣었고, 나머지 물건은 최저가에 20만 원만 더 얹어 입찰에 참여했다. 그는 평소 노력도 많이 했지만 이때 운 좋게도 모두 낙찰받았고, 그의 자산 목록의 효자 물건이 되었다. 이 오피스텔로 대출 이자 등의 비용을 제하고 현재 1채당 약 30만 원 정도의 수입을 거둬들이고 있다.

경락잔금대출 제1금융권은 아파트, 빌라 등 주거용 건물 위주로 2%대

중반~3%대 중후반 이율로 평균 낙찰가의 80%까지 대출해준다. 총부채 상환비율(DTI) 소득 증빙을 요구하고, 신용도와 소득 수준에 따라서 대출 비율과 이율에 차이가 있다. 저축은행이나 캐피털, 보험회사 등 제2금융권은 낙찰가의 90%까지 대출할 수 있다. 이율은 평균 3~5% 정도이고 신용 등급은 7등급 이내여야 대출이 수월하다. 주거용 건물뿐만 아니라 상가, 토지 등도 취급한다.

집값 안정화 대책으로 갈수록 대출 규제가 강화되고 있지만, 경락잔금 대출은 비교적 규제에서 자유로운 편이다. 일반 사업자 대출을 통해 주택담보인정비율(LTV)을 높일 수도 있다. 일반 사업자 대출은 대출용도 제한이 있으므로 안전하게 많은 대출을 받으려면 매매사업자나 임대 사업자로 등록해야 한다. 다만 최근 시행된 대출 규제로 조정대상지역 내에서는 사업자도 대출 비율이 50%로 줄었다.

개인은 3채까지 대출이 나온다. 만약 당신이 6채를 받게 된다면 포기해야 할까? 아니다. 사업자를 내는 방법도 있으니 걱정은 하지 않아도 된다. 혹시나 그런 행운 때문에 걱정이라면 행복할 것이다. 경매하다 보면 뜻하지 않은 곳에서 대박이 날 때가 있다. 6채에서 30만 원씩만 나와도 매월 180만 원이라는 부수입이 생긴다. 단 한 번으로 이런 행운이 올수도 있다. 낙찰 횟수가 많아져서 물건 개수가 늘어나면 개인으로 해야 할지, 법인으로 해야 할지 선택의 갈림길에 서게 될 것이다. 어떤 선택이 세금 혜택을 더 받을 수 있는지 결정해야 한다. 그때는 전문가와 의논을 하자. 이렇듯 긍정적인 생각으로 투자를 계속해간다면 당신도 경제적 자유를 얻는 행운이 찾아올 것이다.

05

마이너스 금리, 현실적인 투자처를 골라라

마이너스 금리 시대는 돈이 갈 곳이 없다. 서민들은 먹고살기도 힘들다고 하지만, 부동산 투자의 큰손들은 현금자산만 10~100억 가지고 있는 분도 있다. 그럼 먼저 서민들은 저금리를 어떻게 이용할 수 있을까? 당신이 월급쟁이라면 대출이라는 레버리지를 이용해볼 수 있다. 현금자산이 부족한 월급쟁이의 단 한 가지 장점이라면 대출이 가능하다는 것이다. 서민이 경제적 자유에 한 발 다가가려면 무조건 경매를 배워서 해야 한다. 다른 방법이 없다. 현실적인 투자를 배워라.

현금자산이 3천만 원 미만이라면 소액 빌라 투자를 해라. 경매는 500만 원만 있어도 대출을 이용해서 투자가 가능하다. 무조건 투자하는 것

을 추천하다. 현금자산을 늘리려면 소액 빌라로 계속된 투자를 해야만
한다.

　현금자산이 1억 원 정도 모였다면 소형 아파트 투자를 해볼 만하다. 이
정도 금액이라면 대상이 조금 더 넓어진다. 소액으로 투자했던 사람이
자산 축적으로 1억이 되었다면 어떤 투자도 자신 있을 것이다. 하지만 투
자는 항상 경계해야 한다. 초심을 가지고 투자에 임한다면 경제적 자유
에 도전할 수 있다. 소액 아파트 2~3번을 성공한다면 2채 정도는 월세
수익에 투자하자. 1채 정도는 전세 끼고 2년 뒤 더 많은 수익을 위해서
가져가자. 본인의 의지가 확고하다면 주변의 말에 흔들릴 필요가 없다.
혹시라도 부정적인 사람이 주위에 있다면 그런 사람과는 거리를 멀리하
는 것도 필요하다. 단, 멘토는 항상 옆에 있어야 한다. 멘토와 부정적인
사람은 구별할 줄 알아야 성공할 수 있다. 모든 것이 그렇듯 등잔 밑이
어둡다고 했다. 잘 되는 것 같아도 본인은 정확히 판단하기 어려울 때가
있다. 이럴 때 제삼자인 멘토가 정확하게 상황을 알려준다면 당신은 성
공할 수 있다.

　현금자산이 3억이 되었다면 월세 수익 300만 원에 도전하라고 말하고
싶다. 이 정도 금액이면 경매 투자를 병행하면서, 급매로 나온 물건을 대
출을 이용해서 월세 수익을 만들어보자. 월세 30만 원 10채면 300만 원

이 된다. 분기별로 1채씩만 해도 3년이면 10채는 가능하다. 의지가 약한 분은 항상 멘토와 상의해서 진행하자. 이렇게 월세 수익 300만 원이 생긴다면 당신은 레벨업이 된다. 경제적인 안정권에 들어선 것이다. 하늘의 독수리도 어느 높이까지 올라가면 날갯짓을 하지 않고도 하늘에 떠 있을 수 있다. 이런 높이에 오르는 단계라고 표현할 수 있다.

그다음 단계는 현금자산을 다시 한 번 확인해야 한다. 목표를 다시 설정해서 완전한 경제적 자유를 향해야 한다. 보통 월세 1,000만 원 정도 나오면 심적으로 직장생활을 편하게 할 수 있다. 회사는 심심풀이 삼아 다닐 정도가 될 것이다. 그때까지 자만하지 말고 계속 투자를 한다. 책도 더 많이 보고, 세미나도 계속 듣는다. 현금자산이 늘고 월세 1,000만 원이 나온다면 당신이 해야 할 일이 많아질 것이다. 경제적인 부를 상속하는 문제, 세금 문제 등 여러 가지가 나타날 것이다. 그때는 세무 전문가와 법률 자문해야 할 수도 있다. 절대 포기하지 않는다면 어려운 일은 아니다.

미국 연방준비제도가 기준금리를 0.5% 전격 인하한 데 이어 한국은행도 금리 인하 가능성을 시사했다. 시장에선 최소한 다음 달에는 금통위에서 금리 인하가 이뤄질 것으로 예상한다. 정부의 '집값 잡기' 총력전 속에서 '코로나19' 여파가 지속하는 가운데 이번 금리 인하는 주택 시장에 어떤 변수로 작용할까?

모 매체의 전망에 따르면 금리 인하가 주택 시장에 큰 변수로 작용하지 않을 것으로 내다봤다. 보통은 금리와 부동산 가격은 반비례하지만 수요가 많은 지역은 이미 강력한 부동산 정책으로 대출이 막혔기 때문이다. 일반시장에서는 금리가 낮아지면 레버리지를 이용한 투자가 늘어나겠지만, 대출 규제로 실제 거래는 줄어들 것으로 전망했다. 경제가 침체하거나, 물가가 하락하면 기준금리를 하향 조정하는데, 지금의 상황은 경제 침체 때문인 것으로 파악했다.

우리나라를 비롯한 전 세계적으로 저성장 기조가 심화되고 있다. 경기침체와 물가 하락이 결합하면 어느 국가든 저금리 상황으로 된다. 저금리의 저성장 시대 임대 수익은 전월세가 있다. 임차인의 전·월세 선택시 기회비용을 계산해보자. 간단하게 전세 1억 원의 아파트를 보증금 1천만 원에 월세 40만 원으로 받는다면 전·월세 전환율은 어떻게 하면 될까?

40만원 × 1년(12달) ÷ (1억 원−1천만 원) × 100 = 5.3% 정도로 나온다. 전세금 1억을 받아서 연 5.3% 이상의 수익을 찾지 못한다면 월세 수익이 훨씬 유리하다는 결론이 나온다.

그렇다면 마이너스 금리 투자처를 어디서 찾을 수 있을까? 미분양 아파트, 신축 빌라, 경매, 오피스텔, 단독주택, 상가, 분양권 등이 있다. 앞서 이야기한 방법들을 이용해서 돈을 모아야 한다. 월세 수익을 만들고 안정된다면 재개발사업에 투자해볼 만하다. 경제적 여유와 투자를 보는 눈이 생겼으니 이제는 가능할 것이다. 지금처럼 경기가 좋지 않을 때는 부동산 시장이 정체 상태에 머물 수 있다. 정부는 금리 인하와 세금 감면 혜택을 준다. 그래도 경기가 어려우면 인위적인 수요를 발생시킨다. 재건축 재개발 사업 활성화를 한다. 재건축보다는 재개발 사업이 수혜를 보는 사업이다. 재개발 투자에 관심을 두자. 재개발되는 곳을 다녀보면서 현장을 눈에 익히고 머리에 넣어야 한다. 이 지역은 앞으로 어떻게 변하겠다. 미래를 생각할 수 있어야 한다. 현장 답사를 많이 다녀야 한다. 장기적 투자를 하면 된다. 적은 돈으로 큰돈을 벌려면 어떻게 해야 할까? 재개발구역으로 지정되기 전 물건을 찾아야 한다. 구역 지정이 된 곳이라면 이미 가격이 상당히 오른 상태다. 재개발구역 지정으로 프리미엄만 3~9억이 붙는 곳도 있다. 이런 물건 찾는 눈을 키우자. 이러한 방법들을 익힌다면 최소 자금으로 최고 자산을 공략할 수 있다.

나는 정주영 회장의 "임자, 해봤어?" 이 말을 듣고 반성을 많이 했다. 성공한 사람들은 절대 포기하지 않았다. 먼저 해보고 나서 대책을 찾아보자. '할 수 있다'는 긍정적인 생각만으로도 인생은 달라진다.

06

투자를 가로막는 대출 규제를 피하라

이 책을 마무리하고 있는 시점에 정부의 고강도 대책이 나왔다. 2020년 3월부터 공급 질서 교란 행위 및 불법 전매 적발 시 10년간 청약 금지된다. 상한제 주택, 투기과열지구 당첨 시 10년, 조정대상지역 당첨 시 7년간 재당첨 제한이 적용된다는 것이 주요 내용이다.

투기과열지구와 조정대상지역 3억 원 이상 주택 취득 시 자금 조달계획서를 제출해야 한다. 비규제지역 6억 원 이상 주택을 취득할 때도 제출해야 한다. 투기과열지구 9억 원 초과 주택 실거래 신고 시에는 자금 조달계획서와 소득금액 증명원, 예금잔고 등 객관적 증빙자료 제출이 의무화되었다. 이번 조정대상지역으로 추가된 곳은 경기도 수원시 영통구,

권선구, 장안구, 안양시 만안구, 의왕시 5곳으로 21일부터 시행된다. 조정대상지역으로 지정되면 대출, 양도소득세 중과세, 장기보유 특별공제, 분양권 전매 제한, 청약 등의 제한을 받는다. 투기 수요를 잡겠다는 정부의 강한 의지로 보인다.

조정대상지역 내 주택담보대출 비율은 현행 60%에서 시가 9억 원 이하와 9억 원 초과분에 따라 차등 적용된다. 9억 원 이하는 50%, 9억 원 초과분은 LTV 30%를 적용한다. 예를 들어 조정대상지역 내 주택 가격이 10억 원이라면 대출 가능 한도는 현행 60%를 적용해 6억 원을 받을 수 있었다. 앞으로는 9억 원 이하 분 50%인 4억 5천만 원과 9억 원 초과분 1억 원에 대해 30%를 적용한 3천만 원을 합친 4억 8천만 원까지 대출이 나온다. 기존보다 1억 2천만 원 줄었다.

서민들을 위한 디딤돌대출, 보금자리론은 최대 70%를 유지한다. 대출 대상은 무주택 세대주이고, 주택 가격 5억 원 이하, 부부 합산소득 6천만 원 이하인 경우이다. 조정대상지역 내 2년 이내 기존 주택 매매와 신규 주택 2년 내 전입도 해야 한다. 투기과열지구 내 1주택 가구는 1년 이내 기존주택 처분과 신규 주택 전입 조건을 갖춰야 대출받을 수 있다. 조정대상지역에서 주택을 매매할 때는 양도소득세 중과세 적용된다. 기본세율 6~42%이다. 2주택자는 10%, 3주택자 이상은 20% 추가된다. 9억 초과 주택과 다주택자는 장기보유 특별공제에서 제외되었다. 조정대상지역에서 일시적 2주택자가 양도세 혜택을 받으려면, 2019년 12월 16일까지 취득한 주택은 2년 이내 기존 주택을 처분해야 한다. 더 자세한 것은 세무 전문가에게 문의하기 바란다.

부동산 전문가들도 정부의 강력한 부동산 정책으로 부동산 시장을 어렵게 하고 경제는 얼어붙을 것으로 전망한다. 부동산 정책으로 일시적 조정은 가능하지만, 장기적으로는 올라갈 수밖에 없다. 그래서 투자는 발전적인 성격으로 해야 한다. '이 지역은 미래에 어떻게 바뀔 수 있을까?'라는 상상을 할 수 있어야 한다. 부동산은 미래가치를 보고 사는 것이기 때문이다. 부동산 정책에 의해 일시적으로 움직인 돈은 일정 시간 지나면 다시 돌아온다. 현재는 전세대출 규제가 심해지고 있다. 강력한 정책과 코로나19라는 전 세계적인 비상 상황으로 부동산 시장이 얼어붙고 있다. 이런 상황이 계속된다면 정부는 경기 부양책을 쓸 것이다. 일반인들 사이에 매매보다는 전세 수요가 많아질 것이다. 그렇다면 부동산 가격을 밑에서 올려주는 역할을 하게 될 것이다.

2020년 정책을 피해가는 전략은 어떻게 세워야 할까?

첫째, 비조정대상지역을 찾는다. 수원 영통 같은 지역을 찾는다. 이런 지역은 2년 이상 보유 시 일반 과세하고 종합부동산세도 부담이 크지 않다.

둘째, 9억 원 이하 아파트는 대출 규제도 비교적 수월하다. 매매가 대비 전세가가 90%라서 대출 없이도 갭투자가 가능하다. 전용 85㎡가 지난해 12월에 3억 5천만 원에 거래됐으나 올해 2월에는 최고 5억 9천만 원까지 거래되었다. 60여 일 만에 2억 3천만 원 이상 올랐다. 전세 끼고 갭투자를 한 경우 취득세 1.1%와 거래 비용을 따져도 1천만 정도의 돈으로 투자가 가능하다. 그렇다면 세후 수익도 계산해보자. 1년 이내 단기 매도 시 양도소득세 40%를 내고도 약 1억 3천만 원의 순수익을 낼 수 있다.

셋째, 법인사업자를 낸다. 개인 양도세가 부담되는 경우 법인사업자를 내는 경우가 많아지고 있다. 이유는 정부의 강력한 규제로 양도세 중과 대출 규제, 종합부동산세 등 보유세를 매겨 단기 차익 실현이 낮아지기 때문이다.

개인일 경우 양도세는 기본세율은 6~42%(1년 이내 40%)이다. 조정대상지역의 경우 다주택자는 10~20% 양도소득세율이 추가 적용된다. 반면 법인은 주택 매도 시 10~22%의 법인세와 비사업용부동산에 대한 중과세율 10%가 적용된다.

정부의 투기 세력에 대한 규제 강화로 단기 차익에 부담이 생겼다. 발 빠른 투자자들이 법인을 만들어 단기 시세 차익을 얻고 있다. 투자를 가 로막는 대출 규제를 피해서 투자하자.

부동산 정책 핵심 요약

1. 조정대상지역의 대출 규제 강화

[현행] 조정대상지역 주택담보대출 LTV 60% 적용

[변경] 9억 기준 LTV 차등 적용

[구간1] 9억 원 이하분 → LTV 50% 적용

[구간2] 9억 원 초과분 → LTV 30% 적용

예) 10억 기준 9억까지 50% / 나머지 1억의 30%

[완화]

무주택자 한하여 부부합산소득 연 6천 이하

주택 가격 5억 미만 구입은 LTV 10% 가산 적용

2. 조정대상지역의 추가 지정

수원 일부, 안양 일부, 의왕시 지정

수원시-영통구, 권선구, 장안구

안양시-만안구, 의왕시 전체

2020.02.21. 효력 발생

신규 조정대상지역의 모니터링 강화 및 비규제지역의 과열 우려 시 규제지역 지정 검토

다주택자 조정대상지역에 10년 이상 보유 주택을 2020년 06월까지 양도할 경우 양도세 중과 배제 및 장기보유 특별공제 적용

3. 고강도 실거래 조사지역 확대

[기존] 서울 → [변경] 투기과열지구 전체+광명, 과천, 분당, 하남

투기과열지구에서 3억 원 이상 부동산 거래 시 자금 조달계획서 제출 의무화(3월 중 적용)

비규제지역 6억 이상, 9억 원 이상의 고가 주택 거래 시 국토부 전담조사

광명, 과천, 분당, 하남 등이 고강도 실거래 조사지역으로 확대 적용됨

이 책을 마무리하고 원고를 넘긴 후 정부의 고강도 6·17과 7·10 대책이 추가로 나왔다. 다주택자 개인이나 법인도 이제는 주택에서 상가 투자로 가야 한다. 주택담보대출이 어렵기 때문이다. 상가도 종부세 대상이지만, 토지 공시지가 80억 넘는 상가는 드물다. 현 정부에서는 주택이 규제 대상이지 상가는 규제 대상에 포함되지 않았다. 상가 투자를 해야 하는 이유다. 정부에서 하지 말라는 것은 하지 않는 것이 현명한 투자 방법이다.

6·17과 7·10 대책에 따른 부동산 법인은 단타 위주가 좋을 것 같다. 다중법인 설립으로 법인당 2주택으로만 분산 투자하여 종부세를 조금 줄여볼 수 있겠다. 이건 나의 생각이므로 세무 전문가와 상담하여 진행하기 바란다.

6·17 부동산 대책(2020)

정부 부처가 2020년 6월 17일 발표한 「주택 시장 안정을 위한 관리방안」이다. 부동산 시장의 풍선 효과를 근절하기 위한 규제지역을 추가 지정, 갭 투자를 원천 차단하기 위한 규제 지역 내에서의 전세대출과 처분 및 전입 의무 규제 강화 등의 내용이다. 재건축 안전진단 절차를 강화하고 재건축 부담금 제도를 개선하는 등의 정비사업 규제 정비 방안, 법인을 활용한 투기 수요를 근절시키기 위한 방안도 포함되어 있다.

과열지역에 투기수요 유입 차단	조정대상지역 지정	경기, 인천, 대전, 청주 일부 지역을 제외한 대부분의 지역
	투기과열지구 지정	경기, 인천, 대전 17개 지역
	토지거래허가구역 지정	
	거래질서 조사체계 강화	• 실거래 기획조사 시행 • 자금조달계획서 및 증빙자료 제출 대상 확대
	주택담보대출 및 전세자금대출 규제 강화	• 규제지역 주택담보대출 및 보금자리론 실거주 요건 강화 • 전세자금대출보증 제한 강화
정비사업 규제정비	재건축안전진단 절차 강화	• 안전진단 시·도 관리 강화 및 부실안전진단 제재 • 2차 안전진단 현장조사 강화 및 자문위 책임성 제고
	정비사업 조합원 분양 요건 강화	투기과열지구 조정대상지역에서 조합원 분양신청 시까지 2년 이상 거주 필요
	재건축부담금 제도 개선	• 재건축 부담금 본격 징수 • 공시가격 현실화에 따른 공시비율 적용 및 재건축 부담금 귀속 비율 조정
법인을 활용한 투기수요 근절	주택매매·임대사업자 대출규제 강화	모든 지역 개인·법인 사업자 주택담보대출 금지
	부동산 매매업 관리 강화	
	법인 거래 조사 강화	• 법인 대상 실거래 특별조사 • 법인용 실거래 신고서식 도입, 모든 법인 거래에 자금조달계획서 제출 의무화
12·16대책 및 공급 대책 후속 추진	주택시장 안정화 방안(12·16대책) 후속조치	분양가상한제 및 12·16 대책 관련 5개 법률 신속 개정
	수도권 주택공급 기반 강화 방안(5·6) 후속 조치	공공참여 가로주택정비사업 1차 공모 사업지구 선정 및 2차 사업지구 공모 착수(8월) 공공재개발시범사업 공모(9월) 준공업지역 민관합동사업 공모(9월) 오피스상가 주거 용도변경 사업 시범사업 선정(10월)

● 경기 · 인천 · 대전 · 청주 규제지역 지정

최근 주택 가격 급등세를 보이는 경기 · 인천 · 대전 · 청주는 일부 지역을 제외한 전 지역을 조정대상지역으로 추가 지정한다. 조정대상지역으로 지정된 후에도 과열이 지속되고 있거나 비규제지역 중 과열이 심각한 지역 중 경기 10개 지역(수정 · 수원 · 안양 · 안산 단원 · 구리 · 군포 · 의왕 · 용인 수지 · 기흥 · 화성), 인천 3개 지역(연수 · 남동 · 서구), 대전 4개 지역(동 · 중 · 서 · 유성)을 투기과열지구로 지정한다. 해당 지역들은 2020년 6월 19일 지정 효력이 발생해 대출 제한, 분양권 전매 제한 등의 규제를 받게 된다.

먼저 조정대상지역에서는 주택담보대출비율(LTV)이 9억 원 이하는 50%, 9억 원 초과는 30% 등으로 강화되고 총부채상환비율(DTI)은 50%로 묶인다. 투기과열지구에서는 LTV이 9억 원 이하는 40%, 9억 원 초과는 20%, 15억 원 초과는 0% 등으로 강력하게 규제하며 DTI는 40%로 묶인다.

● 주택담보대출 규제 강화

무주택자가 규제지역 내 주택 구입을 위해 주택담보대출을 받을 경우 주택 가격과 관계없이 6개월 내 전입해야 한다. 지금까지는 투기지역과 투기과열지구 내 시가 9억 원 초과 주택 구입을 위해 주택담보대출을 받는 경우에 한해 1년 내 전입을 해야 했다. 또 투기지역과 투기과열지역 내 주택 구입을 위해 주택담보대출을 받는 경우 1년 내 기존 주택 처분과 신규 주택 전입 의무가 부과됐던 1주택자는 주택 처분과 전입 의무가 6개월로 단축됐다.

정비사업 규제 정비 재건축 부담금은 하반기부터 징수를 시작한다. 이에 따라 국토교통부는 강남 5개 단지 평균 조합원 1인당 4억 4,000만 원에서 5억 2,000만 원의 재건축 부담금이 발생할 것으로 전망했다. 또 재건축 안전진단의 투명성을 높이기 위해 안전진단보고서를 부실 작성한 경우 2,000만 원의 과태료를 부과하고 허위·부정 작성이 적발되면 1년간 안전진단 입찰을 제한한다.

● 전세자금대출 규제 강화

정부는 그동안 내놓은 부동산 대책에도 집값이 안정되지 않는 것을 갭투자 때문이라고 판단하고 강력한 전세자금대출 규제 방안을 마련했다. 전세대출을 받은 후 투기지역과 투기과열지구에서 3억 원 이상의 아파트를 살 경우 전세대출을 즉시 회수한다. 또 3억 원 이상의 아파트를 사는 경우도 전세대출 보증 제한 대상에 추가된다. 그동안은 시가 9억 원 초과 주택 보유자에게 전세대출 보증을 제한하며, 전세대출을 받은 후 9억 원 이상의 주택을 사면 대출을 즉시 회수해 왔다.

주택도시보증공사(HUG) 전세대출 보증 한도도 축소한다. HUG의 1주택자 대상 전세대출보증 한도는 현재 수도권 4억 원, 지방 3억 2,000만 원인데 이를 2억 원으로 내린다.

  정부는 개인이 부동산 규제를 피하기 위해 법인을 설립해 투기적 주택 구입에 나서는 것을 차단하기 위한 방안을 마련했다. 먼저 2021년 6월부터 법인 소유 주택에 대한 종부세율을 2주택 이하는 3%, 3주택 이상 또는 조정대상지역 내 2주택은 4%로 각각 인상해 단일 세율을 적용하기로 했다. 이는 개인에 대한 종부세율 중 최고 세율을 법인 부동산에 적용한 것이다. 법인 보유 주택에 대한 종부세 6억 원 공제도 폐지된다. 지금까지는 개인과 법인 등 납세자별로 6억 원 한도에서 종부세를 공제해줬다.

  정부는 법인이 조정지역 내 주택을 구입한 후 8년 장기임대 등록을 하고 임대 사업을 해도 종부세를 부과하기로 했다. 이는 2020년 6월 18일 신규 주택 취득분부터 적용됐다. 그동안은 법인이 소유한 주택(수도권 6억 원, 비수도권 3억 원 이하)을 8년 장기임대 등록할 경우 종부세 비과세 혜택을 받을 수 있었다.

  또 현재는 법인이 부동산을 처분할 때 양도 차익에 대한 기본 세율 10~25%를 적용하고 주택 처분 시 추가로 10% 세율을 더해 세금을 냈는데, 2021년 1월부터는 법인 주택 처분 시 추가 적용하는 세율을 10%에서 20%로 올리기로 했다.

(출처 및 참고 : 네이버 지식백과, 국토교통부)

7 · 10 부동산 대책(2020)

정부가 2020년 7월 10일 발표한 부동산 대책으로, 다주택자 · 단기 거래에 대한 부동산 세제 강화, (서민 · 실수요자 부담 경감을 위한) 공급 물량 확대 및 기준 완화, 등록임대 사업자 폐지 등의 내용이다.

2020년 상반기 지속적으로 높은 가격상승률을 보인 경기 · 인천 · 대전 · 청주 등 일부 지역이 규제지역 지정 이후 상승세가 둔화된 반면, 서울 및 수도권 일부 지역의 매수세 및 상승세는 지속됨에 따른 것이다. 이에 투기 수요를 차단하고 서민 및 실수요자 불안을 해소할 수 있는 제도가 필요하다는 요구에 따라 2020년 7월 10일 7 · 10 부동산 대책이 발표되었다.

다주택자 단기 거래에 대한 부동산 세제 강화

● 다주택자 대상 종부세 중과세율 인상

개인의 경우 '3주택 이상 및 조정대상지역 2주택'에 대해 과세표준 구간별로 1.2~6.0%의 세율을 적용하며, 법인은 다주택 보유 법인에 대해 중과 최고 세율인 6%를 적용한다.

● 종부세 세율 인상

시가 (다주택자 기준)	과표	2주택이하 (조정대상지역 2주택 제외, %)		3주택이상 +조정대상지역 2주택(%)		
		현행	12.16	현행	12.16	개정
8~12.2억	3억 이하	0.5	0.6	0.6	0.8	1.2
12.2억~15.4억	3~6억	0.7	0.8	0.9	1.2	1.6
15.4~23.3억	6~12억	1	1.2	1.3	1.6	2.2
23.3~69억	12~50억	1.4	1.6	1.8	2	3.6
69~123.5억	50~94억	2	2.2	2.5	3	5
123.5억 초과	94억 초과	2.7	3	3.2	4	6
* 공시가격 현실화율 75~85%, 공정시장가액비율 95%를 적용했을 경우						

● 양도소득세 세율 인상

구분		현행			12.16대책	개선	
		주택 외 부동산	주택 입주권	분양권	주택 입주권	주택 입주권	분양권
보유 기간	1년미만	50%	40%	(조정대상지역) 50% (기타지역) 기본세율	50%	70%	70%
	2년미만	40%	기본 세율		40%	60%	60%
	2년이상	기본 세율	기본 세율		기본 세율	기본 세율	

● 취득세율 인상

현재			개정		
개인	1주택	주택가액에 따라 1~3%	개인	1주택	주택가액에 따라 1~3%
	2주택			2주택	8%
	3주택			3주택	
	4주택이상	4%		4주택이상	12%
법인		주택가액에 따라 1~3%	법인		

● 다주택자 보유세 인상

부동산 신탁 시 종부세·재산세 등 보유세 납세자를 수탁자(신탁사)에서 원소유자(위탁자)로 변경한다. 이는 다주택자들이 주택을 신탁할 경우 수탁자가 납세의무자가 되어 종부세 부담이 완화되는 점을 활용하는 문제를 방지하기 위한 것이다.

서민·실수요자 부담 경감

● 생애최초 특별공급 확대

무주택 실수요자의 내 집 마련 지원을 위해 생애최초 특별공급 적용 대상 주택 범위 및 공급 비율을 확대한다.

구분			특별공급						일반공급
			합계	기관추천	다자녀	노부모	신혼	생애최초	
국민주택	종전		80%	15%	10%	5%	30%	20%	20%
	변경		85%	15%	10%	5%	30%	25%	15%
민영주택	종전		43%	10%	10%	3%	20%	–	57%
	변경	공공택지	58%	10%	10%	3%	20%	15%	42%
		민간택지	50%	10%	10%	3%	20%	7%	50%

● 신혼부부 특별공급 소득기준 완화

· 공공분양 소득요건: 분양가 6억 원 이상 신혼희망타운에 대해서는 도시근로자 월평균소득 130%(맞벌이 140%)까지 확대한다.

· 민영주택 소득요건: 분양가 6억 원 이상 민영주택에 대해서는 최대 130%(맞벌이 140%)까지 소득 기준을 완화한다.

분양가	소득요건(현재)		요건완화	
	우선(75%)	일반(25%)	우선(75%)	일반(25%)
3억원 이하	소득요건 100% 맞벌이 120%)	소득요건 120% (맞벌이 130%)	100% (맞벌이 120%)	120% (맞벌이 130%)
3억~6억			100% (맞벌이 120%)	120% (맞벌이 130%)
6억~9억			100% (맞벌이 120%)	120% (맞벌이 130%)
				생애최초 주택구입 130% (맞벌이 140%)

● 생애최초주택에 대해서는 취득세 감면

현재 신혼부부에 대해서만 허용하는 생애최초주택 구입 시 취득세 감면 혜택을 연령·혼인 여부와 관계없이 확대 적용한다. 예를 들어 1.5억 원 이하는 100% 감면되며, 1.5억 원 초과 3억 원(수도권 4억 원) 이하일 경우에는 50% 감면 조치를 취한다.

● 서민·실수요자 소득기준 완화

규제지역 LTV·DTI를 10%p 우대하는 서민 실수요자 소득기준을 완화하는데, 이는 2020년 7월 13일부터 시행되었다.

금융업 감독규정상 서민·실수요자 기준(출처: 국토교통부)

		투기지역·투기과열지구	조정대상지역
①소득	현행	부부합산 **연소득 7천만원** 이하 (생애최초구입자: **8천만원** 이하)	부부합산 **연소득 6천만원** 이하 (생애최초구입자: **7천만원** 이하)
	개선	부부합산 **연소득 8천만원** 이하 (생애최초구입자: **9천만원** 이하)	
②주택가격		6억원 이하	5억원 이하
③주택보유여부		무주택세대주	무주택세대주

● 청년층 포함 전월세 대출지원 강화

· 전세: 청년(만 34세 이하) 버팀목 대출금리를 0.3%p 인하(1.8~2.4% →

1.5~2.1%)하며, 대출대상(보증금 7000만→1억 원)과 지원한도(5000 → 7000만
원)도 확대한다.

· 월세: 청년 전용 보증부 월세 대출금리를 0.5%p 인하한다. (보증금
1.8% + 월세 1.5% → 보증금 1.3% + 월세 1.0%)

● 실수요자를 위한 주택공급 확대

관계부처 장관, 지자체가 참여하는 부총리 주재 '주택공급확대 TF'를
구성하여 근본적인 주택공급 확대방안을 마련한다. 우선 국토부의 경우
주택공급 확대 실무기획단(단장: 1차관)을 구성하여 세부적인 공급방안을
마련하고, 이후 정기적으로 추진 상황을 발표한다는 방침이다.

등록임대 사업제 제도 보완

● 임대등록제도 개편

단기임대(4년) 및 아파트 장기일반 매입임대(8년)를 폐지한다. 그 외 장기
임대 유형은 유지하되 의무기간 연장(8→10년) 등 공적의무를 강화한다.

● 폐지유형 관리

폐지되는 단기 및 아파트 장기일반 매입임대로 등록한 기존 주택은 임
대의무기간 경과 즉시 자동 등록말소한다. 다만 임대의무기간 종료 전

에도 자진말소 희망 시 공적의무를 준수한 적법 사업자에 한해 자발적인 등록말소를 허용(임대의무기간 준수 위반 과태료 면제)한다.

● 사업자 관리 강화

매년 등록사업자의 공적 의무 준수 합동점검을 정례화하고 위반사항 적발 시 행정처분 통해 등록임대 사업을 내실화한다는 방침이다.

(출처 및 참고 : 네이버 지식백과, 국토교통부)

7·10보안 대책 어떻게 해야 좋을까? 정부의 고강도 6·17과 7·10 대책이 추가로 나왔다. 정부의 부동산 대책에 맞서지 않는다. 하지 말라는 것은 하지 말고, 해도 되는 것만 투자하자. 다주택자 개인이나 법인도 이제는 주택에서 상가 투자로 가야 한다. 주택담보대출이 어렵기 때문이다. 상가도 종부세 대상이지만, 토지 공시지가 80억 넘는 상가는 드물다. 현 정부에서는 주택이 규제 대상이지 상가는 규제 대상에 포함되지 않았다. 상가 투자를 해야 하는 이유다. 정부에서 하지 말라는 것은 하지 않는 것이 현명한 투자 방법이다.

급변하는 부동산 정책 속에서 살아남기 위해서는 세금 관련 전문가와 상의하면서 투자를 진행해야 한다.

07 불황에도 부담이 적은 곳에 투자하라

환금성 좋고 투자금 적은 소형 아파트에 투자하라. U는 55세 남성이다. 오늘내일 은퇴를 결정해야 하는 걱정에 힘든 상황이다. 그는 은퇴 설계 상담을 받은 후 마포와 서대문구에 소형 아파트 2채를 마련했다. 실수요자가 많은 지역의 소형 아파트라서 시세 차익도 노릴 수 있는 장점이 있었다. 세입자를 들여 두 아파트에서 매달 임대료 140만 원의 수입이 나왔다. U의 국민연금과 개인연금을 합하면 노후 생활비로 그리 부족한 금액은 아니다. 성공적인 설계였다.

부동산 불황기가 와도 부담이 덜한 환금성 좋은 소형 아파트가 대세다. 환금성 좋은 소형 아파트 입지 조건은 지역 호재가 많은 곳이다. 대

중교통과 교육 환경이 좋고 인구 유입이 증가하는 수요가 많은 곳이다. 이런 곳에 투자해야 공실 위험도 없고 노후를 편하게 보낼 수 있다.

소액으로 투자 가능한 소형 빌라에 투자하라. Z는 회사원이다. 종잣돈 3,000만 원을 가지고 있었고 시세 2억 정도의 빌라를 경매로 낙찰받았다. 시세보다 훨씬 낮은 가격으로 낙찰받아서 신축 빌라처럼 리모델링 후 전세를 놓았다. 마침 전세가 귀한 지역이어서 1주일 만에 계약하게 되었다. 전세 수요가 급등하면 매매가와 비슷한 수준에 전세가가 형성된다. 이렇게 갭투자가 되는 것이다. 빌라는 임대 수요가 증가하면 시세 차익도 노려볼 수 있다. 보통 빌라는 크게 오르지 않는다. 역세권 입지 선택에 따라 다르기 때문에 발품도 많이 팔아야 한다. 지역개발 호재도 가격상승에 한몫한다. 빌라는 시세 대비 20% 싸게 사야 투자 성공 가능성이 크다.

빌라 투자가 불안하다고 느낀다면 수익형 오피스텔 임대 사업을 하면 된다. 현시점 수익형 부동산 관점에서 보면 오피스텔은 효자 상품이다. 오피스텔은 초기 투자 비용이 많이 들지 않는 편이라 부담이 적다. 세입자는 대부분 전문직이나 고소득 종사자라서 타 부동산에 비해 월세를 밀리는 경우는 드물다. 이렇듯 가격과 관리 면에서 초보자에게 수익형 부동산으로 적합하다. 오피스텔의 단점은 가격이 잘 오르지 않는다는 점이다. 그러므로 최대한 싸게 매입해야 한다. 경매로 20~40% 싸게 낙찰받으면 좋은 투자다. 미분양 땡처리 오피스텔을 찾으면 된다. 이런 경우는 시간이 조금 걸릴 수 있으나, 공인중개사나 분양 상담사 찬스를 이용하면 쉽게 해결된다.

오피스텔은 주거용으로 이용할 때와 업무용으로 이용할 때 세금이 다르게 적용된다. 따라서 업무용으로 임대 주는 것이 유리하다. 왜냐하면, 주거용으로 임대하면 1가구 2주택에도 해당하고 취득세부터 종합부동산세까지 부과된다. 주거용 오피스텔로 임대할 경우는 주택임대 사업자로 등록해서 혜택을 받을 수 있다. 오피스텔도 입지 선정이 매우 중요하다. 도심역세권, 업무지구 주변, 대학가, 인구 증가 지역을 선택해야 월세 수입 안정과 공실의 위험이 적다.

수익형 상가도 잘 고르면 돈이 된다. 50대 가장 A와 B는 정년이 불안했다. 둘 다 은퇴 준비가 되어 있지 않았다. A는 실투자 2억과 대출을 이용해 월세 순수익 120만 원을 받고 있다. B는 같은 돈으로 신축 아파트 상가를 샀다. 하지만 상가 세입자를 구하지 못해 대출이자와 상가 관리비까지 내야 했다. 상가는 초기 투자 비용도 많고 위험 부담도 크다. 신중한 선택이 중요하다. 상가의 상권이란 전문가도 실수할 때가 있다. 아무리 상권이 좋고 역세권을 끼고 있다고 해도, 사람들이 내 상가 앞을 지나다니지 않으면 공실이 발생하기도 하고, 반대로 권리금이 1억 원 이상 형성되기도 한다. 상가 투자의 목적은 대다수가 월세 수익을 얻기 위해서다. 상가 수익이 보장되려면 은행이나 병원 같은 업종이 입주할 때 유리한데, 한번 입주하면 10년은 기본으로 보장되는 경우가 많다.

현수막에 3천만 원 투자, 월 100만 원 수익률 12% 광고를 볼 때가 있다. 몇 년간 임대 보장이라는 것은 대부분 허위나 과장 광고일 가능성이 크다. 실제 상가 투자는 수익률이 평균 6% 정도에 머물러 있기 때문이다. 상가 투자는 쉽지 않은 영역이다. 반드시 멘토의 도움을 받아서 투자하자.

경매로 소형 아파트 월세 수익 만들어라. 경매는 부동산 투자에서 빠지지 않는 방법이다. 500만 원 소액으로도 가능하고, 50억 원으로도 가능하기 때문이다. 실제 M씨는 이미 경매를 이용해 20대에 아파트 3채를 보유하고 있었다.

경매를 시작하기 전에 목표를 설정해야 한다. 주택, 상가, 토지 중 무엇을 살 것인지를 결정해야 한다. 초보라면 소형 아파트를 추천한다. 소액 투자일 경우는 소형 빌라도 괜찮다. 경매는 물건의 권리 분석이 중요하다. 말소기준 권리와 임대차 관계를 정확히 분석할 줄 알아야 성공한다. 권리 분석의 기준인 말소기준 이후 설정된 권리들은 낙찰 후 모두 소멸한다. 그다음 세입자 대항력 요건과 인수 여부 확인을 하면 된다. 초보자는 그 외의 것이 있으면 패스한다. 경매도 실수하면 입찰 보증금이 날아간다. 쉬우면서도 어려운 게 경매 투자다. 그다음 현장조사를 해야 한다. 물건낙찰 후 얼마를 받을 수 있는지가 제일 중요하다. 낙찰받은 후 명도를 하면 된다.

실수요자가 많은 소형 아파트를 공략한다. 부동산 불황기가 와도 부담이 덜한 환금성 좋은 소형 아파트가 대세다. 환금성 좋은 소형 아파트 입지 조건은 지역 호재가 많은 곳이다. 대중교통과 교육 환경이 좋고 인구 유입이 증가하는 수요가 많은 곳이다. 이런 곳에 투자해야 공실 위험도 없고 노후를 편하게 보낼 수 있다. 이것이 부동산 전문가가 말하는 투자 공식이다.

미래가치 대비 저평가된 아파트를 구매하라.
임대 수익 대비 현재 시세가 낮은 아파트, 저평가된 아파트에 투자하라.
부동산 자산을 연금 형식으로 바꿔야 한다.
2008년 글로벌 금융위기를 기점으로 부동산 시장은 저성장하고 있다.

| 월급쟁이를 위한 부동산 투자 스쿨

부동산에서 알짜배기 수익형 부동산을 골라서 투자해야 한다.

부동산 대책으로 부동산 미래 전망을 할 수 있어야 한다.

생각을 바꾸면 부동산 부자가 될 수 있다.

똘똘한 집 한 채 갖기에 노력하라.

50대라면 상가주택으로 수익과 거주를 동시에 해결해라.

재개발에 투자하라.

게스트 하우스로 월세 수익 만들어라.

투자에 효과적인 대출 자산과 실제 자산을 구별하라.

교통의 중심지에 투자하라.

08 | 토지 투자하여 연금으로 활용하라

강원도 사는 J는 고등학교 졸업 후 서울에 취직해서 회사에 다니다가 아버지의 권유로 시골로 내려왔다.

그는 동네에서 제일 젊은 농민 후계자로 20대 초반부터 부모님과 함께 농사를 짓고 있다. 요즘 농사는 최신식 농기계를 이용하기에 수월하고, 젊은 그는 다양한 부가수입을 창출해내고 있다. 자신의 농사일이 끝나면 농사철에는 이양기로 모내기 아르바이트를 했다. 모내기가 끝나면 한동안 시간이 많이 남는데, 그 시기에는 병아리를 키운다. 그리고 가을에는 본인 논에 추수를 끝내고, 남는 시간은 트랙터와 콤바인이 있으니 또다시 아르바이트를 했다. 그리고 남는 시간에 방앗간을 운영했다. J는 농사지어 버는 돈은 따로 모아두었다. 아르바이트와 병아리 키운 돈으로 생활비를 충당했다.

그는 아버지의 경영 철학을 물려받았다. 그의 아버지 취미는 농사지을 땅을 사는 것이다. 매년 겨울이 되면 J와 아버지는 땅을 보러 다닌다. 이미 소유한 땅이 많으니 대출도 많이 나왔다. 농사지을 땅을 구매하게 되면 이자도 1%대였다. 10년 거치 30년 상환. 어마어마한 혜택이다. 지금은 저금리 시대이지만, 20~30년 전만 해도 엄청나게 혜택을 받은 거였다. 1%대에 대출을 받아서 매년 몇천 평 이상의 땅을 대출로 구매했다. 20살에 시작할 때 2만 평의 땅과 주택을 물려받은 그는 매년 몇천 평씩 늘렸다. 지금 J씨 명의의 땅만 수십만 평이다. 물론 그의 아버지도 땅 재벌이다. J 부자는 노후 대비를 토지 투자로 모두 끝냈다. 하지만 가진 자는 더 갖고자 한다. J씨는 지금도 땅을 산다. 알바하고 절약을 한다. 사실 누구나 이렇게 할 수는 없다. 시작부터 이렇게 된 것은 J씨의 행운이다.

그 토지의 가치는 하락한 적이 없다. 꾸준히 오르고 있다. 하락한 사례가 거의 없다. 건물은 없어져도 땅은 없어지지 않는 한정된 재화다. 수요는 많은데 공급이 정해져 있기 때문이다. 이번에는 토지 공부도 하기 바란다. 토지에서 중요한 것이 용도지역이다.

용도지역(用途地域)

토지의 이용 및 건축물의 용도 · 건폐율(건축법 제47조의 건폐율을 말한다.) · 용적률(건축법 제48조의 용적률을 말한다.) · 높이 등을 제한함으로써 토지를 경제적 · 효율적으로 이용하고 공공복리의 증진을 도모하기 위하여 서로 중복되지 아니하게 도시관리계획으로 결정하는 지역을 말한다.

국토의 계획 및 이용에 관한 법률 제6조는 국토를 토지의 이용 실태 및 특성, 장래의 토지 이용 방향 등을 고려하여 ①도시지역, ②관리지역, ③ 농림지역, ④자연환경보전지역의 4종류의 용도지역으로 구분한다.

그리고 도시지역은 주거지역, 상업지역, 공업지역, 녹지지역으로, 관리지역은 보전관리지역, 생산관리지역, 계획관리지역으로 구분하여 도시관리계획으로 지정한다(제36조).

다시 주거지역은 전용주거지역, 일반주거지역, 준주거지역으로, 상업지역은 중심상업지역, 일반상업지역, 근린상업지역, 유통상업지역으로, 공업지역은 전용공업지역, 일반공업지역, 준공업지역으로, 녹지지역은 보전녹지지역, 생산녹지지역, 자연녹지지역으로 세분하여 지정할 수 있다(시행령 제30조).

용도지역 안에 공공의 안녕질서와 도시기능의 증진을 위하여 건설교통부장관 또는 시 · 도지사는 경관지구, 미관지구, 고도지구, 방화지구, 방재지구보존지구, 시설보호지구, 취락지구, 개발진흥지구, 특정용도제한지구의 용도지구를 지정할 수 있다(제37조).

또한 개발제한구역, 도시자연공원구역, 시가화조정구역, 수산자원보호구역을 지정할 수 있다(제38~40조).

국토교통부장관, 시 · 도지사, 시장 또는 군수는 ① 녹지지역 또는 계획관리지역으로서 수목이 집단적으로 생육되고 있거나 조수류 등이 집단적으로 서식하고 있는 지역 또는 우량농지 등으로 보전할 필요가 있는 지역, ② 개발행위로 인하여 주변의 환경 · 경관 · 미관 · 문화재 등이 크게 오염되거나 손상될 우려가 있는 지역, ③ 도시기본계획 또는 도시관리계획을 수립하고 있는 지역으로서 당해 도시기본계획 또는 도시관리계획이 결정될 경우 용도지역 · 용도지구 또는 용도구역의 변경이 예상되고 그에 따라 개발행위허가의 기준이 크게 달라질 것으로 예상되는 지역, ④ 지구단위계획구역으로 지정되어 지구단위계획을 수립하고 있는 지역, ⑤ 기반시설부담구역으로 지정되어 기반시설부담계획을 수립하고 있는 지역의 경우 도시계획위원회의 심의를 거쳐 1회에 한하여 3년 이내의 기간 동안 개발행위허가를 제한할 수 있다(제63조).

(참고 : 두산백과)

토지 투자로 연금처럼 활용할 수 있는 방법이 있다. 가장 큰 수익을 올릴 수 있는 경우는 경·공매로 매입하고 호재가 반영되어 시세가 오르면 파는 방법이다. 이 방법으로 매도한다면 당신은 연금처럼 활용할 수 있다. 보통 사람들은 한 번에 큰 땅을 사서 늘려갈 수는 없다. 돈이 생길 때마다 돈에 맞춰서 조금씩 구매할 수 있다. 경매에 토지만 검색해도 100만 원 미만 토지가 많이 있다. 토지는 가격이 내려가지 않는다. 내가 20~30대라면 조금씩 모아보자. 40~60대라면 자녀에게 물려줄 연금 자산을 만들어보자. 10년, 20년, 30년이면 당신에게 행운이 생길 수 있다. 소액의 땅을 사두어라. 그러면 노후에 연금이 될 것이다. 땅의 가치를 위한 호재를 미리 파악할 수 있다면 분명히 성공할 수 있다. 그렇다면 공부는 어떻게 해야 할까? 개발 사업에 대한 전반적인 이해가 필요하다. 개발 관련 기사를 보고, 과거 행정계획이 진행되고 주변 땅값의 변화를 살펴보면 될 것이다. 어떤 땅을 골라야 할까? 도시지역으로 바뀔 수 있는 녹지지역인 관리지역에 관심을 갖는 게 좋다. 규제가 심한 도시지역은 가격도 비싸고 시세 차익을 보기도 어렵기 때문이다.

개발 가능성 있는 용도지역이 택지개발촉진법, 도시개발법, 지구단위계획, 용도지역 상향, 규제 완화, 해지 등을 거쳐 주거지역, 상업지역, 공업지역으로 용도 변경될 수 있는 토지면 좋겠다. 세미나도 참석하고 부동산 공법을 조금씩 공부하면 된다.

☐	19-6565(1) 임야	충청남도 서산시 대산읍 운산리 769-20 [토지 1.3㎡ / 토지지분매각(제시외기타 포함)]	49,400 35,000	유찰 1회 (71%)	2020.03.25 (10:00) 입찰 11일전	317
☐	19-891(1) 농지	전라북도 정읍시 고부면 고부리 192-3 [농지(전) / 토지 13㎡ / 전 / 토지 매각]	83,200 58,000	유찰 1회 (70%)	2020.03.16 (10:00) 입찰 2일전	651
☐	18-5147(2) 도로	전라남도 순천시 송광면 이읍리 270-1 [토지 79㎡ / 토지 매각]	213,300 76,000	유찰 4회 (36%)	2020.04.06 (10:00) 입찰 23일전	1,613
☐	19-6565(3) 임야	충청남도 서산시 대산읍 운산리 769-191 [토지 3.16㎡ / 토지지분매각(제시외기타 포함)]	120,080 84,000	유찰 1회 (70%)	2020.03.25 (10:00) 입찰 11일전	224
☐	19-1498(1) 농지	전라북도 부안군 보안면 우동리 636 [농지(전) / 토지 18㎡ / 전 / 토지 매각]	104,400 104,400	신건 (100%)	2020.04.06 (10:00) 입찰 23일전	304
☐	19-67822(5) 농지	전라남도 곡성군 석곡면 염곡리 1043-2 외 1 필지 [농지(답) / 토지 21㎡ / 답 / 토지 매각]	193,200 108,000	유찰 2회 (56%)	2020.04.27 (10:00) 입찰 44일전	380
☐	19-20(3) 유지	전라남도 영암군 시종면 봉소리 461-3 [토지 70.67㎡ / 토지지분매각(제시외기타 포함)]	303,880 109,000	유찰 4회 (36%)	2020.03.30 (10:00) 입찰 16일전	1,278
☐	19-375(3) 임야	전라북도 남원시 보절면 황벌리 산115-4 [토지 104㎡ / 토지지분매각(제시외기타 포함)]	343,200 118,000	유찰 3회 (34%)	2020.04.13 (10:00) 입찰 30일전	660
☐	19-1132(1) 농지	전라북도 남원시 주생면 낙동리 118 [농지(전) / 토지 11.48㎡ / 전 / 토지지분매각]	172,200 121,000	유찰 1회 (70%)	2020.04.13 (10:00) 입찰 30일전	261
☐	19-53431(3) 대지	충청남도 태안군 안면읍 승언리 512-4 [토지 2.23㎡ / 토지만매각,지분매각(건물X)]	285,440 140,000	유찰 1회 (49%)	2020.04.07 (10:00) 입찰 24일전	584
☐	18-33632(4) 대지	경상남도 하동군 양보면 우복리 918-3 [토지 10㎡ / 토지지분매각]	450,000 147,000	유찰 5회 (33%)	2020.03.30 (10:00) 입찰 16일전	1,280

4장_최소 자금으로 최고 자산을 공략하는 8가지 기술 |

09 | 실전 투자가 최고의 공부다

이순신 장군은 리더십의 영원한 표상이다. 23전 23승을 끌어낸 위대한 승장이다. 어떻게 이기는 전쟁만 했을까? 이순신 장군만의 비결이 있었다. 그는 상황을 분석해보고 질 것 같으면 전쟁에 부하들을 이끌고 나가지 않았다. 상황상 이겨 놓은 전쟁만 했다.

이순신 장군은 운을 통제했다. 충분하게 운이 활동할 영역을 넓혀놓고 시간과 때를 기다렸다. 이순신 장군은 명량해전에서 10여 척으로 대규모 일본 함대와 맞서야 하는 최악의 상황에서 '이길 수 있는 조건'을 만들기 위해 최선을 다했다. 관할 지역의 지형과 조류를 꼼꼼히 조사했다.

투자자인 당신도 실전 투자에서 무조건 이기기 위한 노력을 해야 한다. 실전 투자에서 살아남기 위해 부동산 정책과 최소 자금으로 투자할 지역, 매매가를 자세히 파악해야 한다. 투자에서 승리를 거두어야 한다.

장군은 패배할 수밖에 없는 전쟁은 하지 않았다. 임금이 잘못된 정보와 판단으로 공격 명령을 내렸지만, 잘못된 명령은 따르지 않았다. 투자하는 당신도 주변에서 어떤 감언이설이 있어도 냉정한 판단을 해야 한다. 살아남을 수 있을지를 정확하게 보는 눈이 필요하다.

장군은 바쁜 가운데에서도 훈련을 게을리하지 않았다. 꾸준히 병법 및 전략, 전술을 익혔다. 정보, 인사에도 통달했다. 치열한 실전 투자에서도 승리하려면 경쟁자를 압도할 핵심 역량이 있어야 한다. 지식, 정보화시대 핵심 역량은 물적 자원보다, 경쟁자가 쉽게 모방할 수 없는, 미래가치를 볼 수 있는 창의적이고 긍정적인 정신과 투자 능력이다.

장군이 명량해전을 앞두고 돌아왔을 때 수군은 전멸 상태였다. 그런데도 장군은 선조에게 글을 올렸다.

"전하, 신에게는 아직도 12척의 전선이 있습니다."

대단한 긍정 마인드의 소유자다. 장군은 강철 정신이었다. 당신도 "나에게는 종잣돈이 1,200만 원이 있으니 투자하기에 충분해."라고 생각하는 긍정 마인드가 필요하다. 무조건 이기는 실전 투자를 원하면 100전 100승의 전략을 세워라. 강한 정신력과 자신의 운을 통제하라. 그리고 경제 전쟁에서 승리하라.

당장 투자할 돈이 없는가? 지금 당장 부동산 공부와 목표부터 설정하자. 나에게 맞는 행복한 은퇴 설계부터 한다. 당신이 가진 자산과 매월 빠져나가는 지출을 통제한다. 현재 가진 주택으로 투자금을 마련할 수 있다. 2~3인 가족이고 30평대 아파트를 소유했다고 한다면 집을 작은 평수로 줄이고, 이 금액으로 공격적인 투자를 시작할 수도 있다. 물론 투자가 처음이라면 이런 방법은 반드시 멘토와 상의 후 시작하자.

부동산 중개소를 운영하던 K는 부동산 전문가였다. 아파트도 수십 채에 돈도 엄청나게 벌었다. 부동산 중개 수수료만 한 달에 몇천만 원씩 벌었다. 동네에서 제일 잘 나가는 부동산 사장이었다. 투자 손님들에게 많은 수익을 안겨주어 따르던 팬들도 많았다. 가끔 놀러 가면 투자 손님들이 돈을 싸 들고 와서 부동산을 점거해 있는 모습을 많이 볼 수 있었다. K는 온종일 싱글벙글이었다.

K는 점점 더 과감해졌다. 그는 투자 손님들과 친척들 돈도 모두 긁어모아 투자를 했다. 몇 번의 성공이 이어졌다. 상가와 아파트를 수십 채 보유한 잘나가는 부동산 전문가로 인정받았다. 그러나 K는 2008년 금융위기를 대비하지 못했다. 그간의 성공 자신감으로 과감히 투자한 것이 2008년 서브프라임 금융위기를 맞으면서 모든 것이 물거품이 되었다. 그는 10년을 일어서지 못했다. 원금과 이자의 압박에 못 이겨 자살을 시도하기도 했다. 늦둥이로 태어난 어린 쌍둥이를 보고 차마 K는 죽지 못

했다. K는 부동산 중개로 한 달에 2~3천만 원씩 벌었으나 손해가 감당되지 않았다. 그는 아파트들을 큰 손실을 감수하고 처분하고 매달 몇천만 원의 이자를 감당하기 위해 하루 종일 새벽까지 일했다.

10여 년이 지난 지금 K는 정상 궤도에 올라섰다. 지금도 부동산 업계에서 일하고 있지만 10년 전처럼 과감한 투자는 하지 않는다. 가끔 같이 커피를 마실 때면 그때 얘기는 꺼내지 말라고 한다. 지나간 추억이라고 말이다. 부동산 시장은 내 맘대로 흘러가지 않는다. 부동산 고수도 단 한 번의 실수로 쓰러진다. 하지만 그들은 다시 일어설 수 있는 노하우와 실전 투자 경험이 있다.

부동산 투자는 이렇게 무섭기도 하다. 10번 잘해도 한 번 실수하면 모든 것을 잃을 수도 있다. 그래서 멘토도 필요하고 평생 공부도 해야 한다. 부동산 투자는 위험하고 조심해야 하지만 실전 투자가 최고의 공부가 된다.

실패하지 않는 부동산 투자를 할 수 있을까? 물론 가능하다. 처음부터 욕심을 내지 않는 것이다. 내가 감당할 수 있는 자금 운용 범위 내에서 투자하면 된다. 이 글을 이해할 수 있다면 당신은 절대로 실패하지 않는 부동산 투자를 하게 될 것이다.

Real Estate Investment School

5장

당신도 부동산 투자의
추월 차선에 올라타라

01 경제적 자유를 갈망하는 당신에게

　지금은 휴대폰이 없으면 살 수 없는 시대에 살고 있다. 스마트폰 하나로 모든 것을 처리한다. 음식을 배달할 때도, 음악을 듣거나, 영화를 볼 때도 사용한다. 심지어 집안의 전등, 가스 등을 통제한다. 시대가 빠르게 변하고 있다. 유튜브를 보면 전문가들이 많이 보인다. 돈을 목적으로 사람을 모으는 사람도 있고, 진정한 정보 공유를 위해서 애쓰는 사람도 많다. 하지만 정보의 홍수 속에서 과연 어떤 정보를 찾을 수 있느냐가 중요하다. 고급 정보도 많지만, 그냥 뉴스를 짜깁기한 정보도 많다. 이런 정보는 당신의 시간을 빼앗고 경제적 자유를 점점 더 멀어지게 할 수 있다. 결국, 이 모든 것을 내가 선택해야 한다. 경제적 자유를 갈망하는 당신이라면 나를 위한 시간이 필요하다. 하루에 1시간이라도 당신의 미래를 위해 생각하는 시간을 가져야 한다.

　평범한 사람이 부동산에 대한 지식을 습득하는 방법의 하나가 책이다. 책 한 권에서 단 한 줄의 정보를 얻었다면 성공한 것이다. 부동산 세미나에 참석하는 것도 좋다. 무료 세미나보다는 1만 원 이상 10만 원 미만의 강의를 들어보는 것을 권한다. 요즘에는 1천만 원에 가까운 강의가 있다고 한다. 사실 이런 강의에서 어떤 고급 정보를 얻을 수 있을까? 1천만 원으로 몇십 억을 벌 수 있다면 아깝지 않겠지만, 그런 정보를 알고 있는 사람이 강의나 하고 있지는 않을 것이다.

　현란한 언어로 최고급 정보인 것처럼 포장하더라도 조금 과하다 생각이 된다. 평범한 사람도 책을 읽으면 2~3년 투자한 사람 정도의 지식을 습득하게 된다. 같은 종류의 책을 20권 정도 읽으면 웬만한 이야기는 걸러 들을 수 있다. 진짜 돈이 되는 정보인지 아닌지를 알게 된다는 의미다. 그리고 강의나 세미나에 참석하게 되면 좋은 정보라는 걸 알게 될 것이다.

　내 돈을 지키기 위해서 부동산 공부를 하는 게 좋다. 그럼 어떻게 해야 절대 잃지 않는 투자를 할 수 있을까? 방법은 다른 사람의 체험을 간접 경험하는 것이다. 다른 사람의 실패 사례나 성공 사례를 습득하는 것이다. 어떻게 하면 효과적으로 지식을 쌓을 수 있을지를 생각하고 간접 경

| 월급쟁이를 위한 부동산 투자 스쿨

험을 쌓고 책을 통해 기본기를 다진다. 다른 사람의 말만 믿고 덥석 투자하는 묻지마 투자는 하지 말자. ○○ 지역 아파트가 좋다고 한다 해도 결정은 내가 한다. 왜 좋은지 생각하고 투자의 확신이 선다면 과감하게 배팅도 해본다. 생각보다 쉽지는 않을 것이다. 경매와 마찬가지로 해당 물건지 임장을 하면서 입지 조건, 환경 조건 등을 꼼꼼히 살펴보는 게 좋다. 요즘 시대에는 스마트폰으로 검색하면 다 나온다. 인공지능이 사람의 일들을 더 많이 하고 있다.

그렇다면 중요한 것은 무엇일까? 바로 판단력이다. 판단하고 실행한다면 부동산만큼 좋은 도구는 없을 것이다. 당신도 경제적 자유를 얻을 수 있다. 누구나 그렇게 될 수 있다고 생각한다. 그다음은 어느 정도 수준의 경제적 자유를 원하는가를 명확히 설정해야 한다. 나는 한 달에 200만 원이면 가능하다, 나는 한 달에 500만 원은 있어야 한다 등 기준을 설정하자.

물론 당장 생활비에 모든 수입이 들어간다면 현실성이 떨어진다. 목표도 어느 순간 없어질 것이다. '너니까 그렇게 성공했지! 누군가 도와주었을 거야! 너는 운이 좋았겠지!' 등 여러 가지 변명들을 늘어놓을 것이다. 변명을 늘어놓을 시간에 이렇게 바꿔보자. '매월 100만 원의 보너스가 생겼으면 좋겠다. 어떻게 하면 좋을까? 방법은 없을까?' 이런 식으로 긍정적인 질문을 당신 스스로 던져라. 이런 식의 질문을 던지다 보면 부정적인 생각은 사라지고 긍정적인 질문에 답을 찾기 시작할 것이다. 당장 돈이 없다면 서점에서 책을 보고 인터넷에서 유튜브를 본다. 그다음 레벨이 되면 강의나 세미나에 참석해서 듣는다. 단기, 중기, 장기 목표를 세워본다. 그리고 세부 방안을 10가지씩 적어본다. '어떻게 해야 목표를 이룰 수 있을까?'만 생각한다. 다른 부정적인 생각은 하지 않는다. 그리고 잠자기 전과 아침에 눈을 뜰 때 목표를 생각한다. 목표를 너무 현실성 없이 정하게 되면 몽상가가 되기 쉽다.

지금 당장 아무것도 가진 것이 없다면 단기 목표부터 세워라.

예를 들어 목돈 1천만 원을 3개월 안에 만든다. 또는 6개월 안에 1억의 종잣돈을 만든다는 목표 말이다. 중기, 장기 목표 역시 동시에 설정해라. 예를 들어 목표를 '30평 아파트를 00동에 2025년 12월까지 사겠다'라고, '2030년 12월까지 아파트 3채를 만들어서 월 300만 원의 파이프라인을 만들겠다'라고 정할 수 있다.

우선 단기, 중장기 목표를 설정했으면 여기서 멈추지 않고, 이제는 세부 방안을 세워야 한다.

| 월급쟁이를 위한 부동산 투자 스쿨

단기 목표: 3개월 안에 1천만 원 만들기

실행방안 1. 월급에서 저금을 먼저 하고 나머지를 사용한다.

실행방안 2. 부수입을 만든다. 온라인 무자본 창업을 한다.

실행방안 3. 너무 많은 보험료를 리모델링하고 남은 돈이 있으면 저축
　　　　　한다.

실행방안 4. 직장인이라면 경매를 배운다. 그리고 경매를 시작한다.

실행방안 5. 가족에게 알리고 도움을 요청한다. 최대한 절약 모드로 생
　　　　　활을 부탁한다.

단기 목표가 달성되었다면 다음 단계로 넘어가자. 목표 달성 100%가
아니어도 된다. 비슷하게 실행되었다면 다음 목표를 향해 나아간다.

중기 목표: 30평 아파트를 00동에 2025년 12월까지 사겠다

실행방안 1. 종잣돈 1천만 원~1억 원으로 급매 부동산을 취득한다.

실행방안 2. 종잣돈으로 소액 경매부터 시작해서 시세 차익을 노린다.

실행방안 3. 경매 공부, 부동산 공부를 한다.

실행방안 4. 가족과 함께 이사할 동네를 걸어서 가본다.

실행방안 5. 이사할 동네가 정해졌으면 부동산에 들러서 시세 파악을
　　　　　한다.

급매로 빌라나 아파트를 구매했다면 장기 목표 세부 명세를 세워본다

실행방안 1. 급매 또는 경매로 구매한 아파트를 시세 차익을 보고 매매한다.

실행방안 2. 경매로 월세 수익이 가능한 빌라나 상가, 아파트를 매매한다.

실행방안 3. 급매로 나온 아파트를 찾는다.

실행방안 4. 상가도 세입자 맞춰진 상품을 찾는다.

실행방안 5. 공동 투자를 한다.

난 부동산으로 안정적인 연금을 받는다

나는 요즘 카페를 자주 간다. 그곳에서 책을 읽거나 글을 쓴다. 시끄러운 분위기 속에 고요함과 커피 향이 있는 공간에서 글이 잘 써지기 때문이다. 그렇게 종일 커피숍에 있다 보면 많은 사람을 보게 된다.

커피숍에서 웃고 떠들며 하루를 보내는 직장인들, 노트북으로 무언가 열심히 과제를 하는 대학생처럼 보이는 사람 등. 하지만 대부분 사람은 웃고 떠들며 시간을 보낸다. 이렇게 웃고 떠들며 보내는 시간을 합한다면 수년은 될 것이다. 하루 24시간 중 잠자는 데 8시간, 직장에서 일하는 데 8시간, 나머지 8시간이 남는다. 출퇴근과 밥 먹는 시간을 제하면 공허함만 남을 것이다.

사람은 먹고살기 위해서 일한다고 해도 과언이 아니다. 그러나 직장생활에 얽매여 살다 보면 부족한 삶을 위해 여러 가지를 생각한다. 그러다 남들 다한다는 투잡을 위해 남은 시간을 투자하기 시작한다. 스마트스토어를 하거나, 쿠팡 배달 알바를 한다. 그 외에 퀵보드 충전 알바, 편의점 알바 등 셀 수 없는 부업 전선에 뛰어든다. 하지만 이런 부업은 근본적인 해결책이 되지 않는다. 최근 유튜브에 월 1,000만 원 버는 법이 급부상했다. 20대 초반 젊은이가 월 1,000만 원 버는 법을 공개하자 구독자 수가 빠르게 늘어갔다. 이제 그는 그 정보를 돈을 받고 강의를 한다. 20대 젊은이 외에도 대부분의 사람이 그렇게 하고 있다.

우리 형제는 4남매다. 아버지 나이 마흔에 나를 낳으셨다. 부모님은 한결같이 "사람은 밥값을 하고 살아야 한다."라고 하셨다. 현재는 100세 시대다. 60세에 은퇴한다면 한 끼 밥값 8천 원이고 하루 24,000원, 1년이면 876만 원이고 40년이면 3억 5,000만 원이 넘는다. 이렇듯 먹고사는 문제가 제일 큰 문제이다. 그렇다면 알바 같은 단기성 말고 일하지 않고 매월 월급을 가져다주는 것에는 어떤 것이 있을까?

가수나 작곡가는 인세와 저작권 수입이 들어온다. 베스트셀러 작가는 글을 써서 인세가 들어온다. 그 외 부동산 임대업으로 일하지 않고도 매월 50에서 200만 원 또는 그 이상의 수입이 들어온다. 아무리 봐도 보통 사람들이 찾을 방법은 부동산이 최선인 것 같다.

| 월급쟁이를 위한 부동산 투자 스쿨

요즘 커피숍 창업할 때 인테리어 비용만 1억이 넘게 들어간다는 뉴스가 나온다. 이렇듯 보통 사람들에게 1억이라면 적지 않은 돈이다. 확실하지 않은 곳에 투자할 수는 없지 않은가? 종잣돈 1억으로 순수익으로 매월 200만 원 정도가 나온다면 당신은 어떤 것을 선택할까?

커피숍, 부동산 투자? 중소기업 대졸 연봉 2,400만 원이다.

손님 중에 1억 미만 빌라만 투자하시는 분이 있었다. 그분은 급매로 나온 빌라를 수리해서 되팔거나 월세를 받았다. 사실 이해가 되지 않았다. 월세 몇 푼 받아서 이자 내면 남는 것도 없다는 생각이었다.

하루는 저녁 늦게 물건을 보고 나왔는데 식사 같이하자는 제의에 그러자고 했다. 그 손님과 식사 중에 중요한 사실을 알게 되었다. 우리 대부분의 사람이 하찮게 여기는 부분을 그 손님은 돈으로 만들고 있었다. 작고 하찮아서 관심이 없는 빌라로 안전한 투자 수익을 내고 있었다. 한 달에 월급처럼 20만 원이 한 번 들어온다면 별거 아닌 금액이다. 하지만 30번 받는다면 상황이 다르다. 매월 600만 원이다. 그렇다. 이 손님은 매월이 아니고 매일 20만 원을 받고 계셨다. 한 달이면 600만 원이다. 비가 오나 눈이 오나, 자고 있어도 꼬박꼬박 들어오는 돈이었다.

첫 투자 금액은 1천만 원에 불과했으나 '대출'이라는 레버리지를 이용해서 벌고 계셨다. 처음에는 취미 삼아 빌라 1~2채를 투자했는데, 투자가 잘돼서 지금은 그렇듯 빌라에서만 그 정도 수익이 나오고 있다고 했다. 나의 상식을 뒤집어놓았던 사건이었다. 당시까지만 해도 나는 큰돈으로 투자해야만 돈을 벌 수 있다고 생각하고 있었다. 누구나 그런 생각을 할 것이다.

하지만 실제로 돈 버는 방법은 다양하다. 직접 눈으로 보지 않으면 믿지 않으려 할 것이다. 월급쟁이 투자자들은 회사라는 비빌 언덕을 최대한 이용해야 한다. 회사에 있을 때 신용을 이용한 레버리지를 극대화한다. 월급만으로 살기에는 현실이 만만치 않다. 지금 시대에 직장인들은 적극적인 부동산 투자를 해야 한다. 그래야 직장에서 벗어났을 때 완전한 독립을 할 수 있을 것이다. 독립이라고 해서 무조건 회사를 그만두고 부동산 투자를 하라는 것은 아니다. 회사라는 곳에서 받는 첫 번째 월급과 부동산 투자로 받는 제2, 제3의 월급을 받을 수 있게 추가 소득을 만들어야 한다는 것이다. 한 달에 월급은 한 번 받아야 한다고 생각하는가?

월급을 10번, 30번 받으면 안 될까? 회사에 출근하지 않아도 어느 곳이나 사무실이요, 직장이 되는 자유롭게 일하는 방법도 많다. 나 또한 명함을 3개씩 갖고 다녔다. 이것이 내가 만든 다양하게 돈이 들어오게 하는 시스템이었다.

회사에서 언젠가는 당신이 필요 없는 시간이 온다. 회사가 전부라고 생각한다면 지금이라도 생각을 바꿔야 한다. 그렇다고 직장을 당장 때려 치우라는 것은 아니다. 회사 일이 끝난 시간과 휴일은 본인만의 시간으로 활용하라는 것이다. 힘든 일과를 보낸 후 쉬는 시간이 아닌 새로운 도전을 위한 시간으로 활용해야 한다. 요즘은 정보의 홍수 속에 살고 있어서 조금만 노력해도 양질의 정보를 찾을 수 있다. 일과 후의 모든 시간을 부동산 투자에 써야 한다.

부자들이 가장 잘 쓰는 것이 무엇일까? 바로 시간이다. 그들은 시간을 잘 활용한다. 자기가 해야 할 일과 남에게 맡겨야 할 일을 구분하여 자신의 시간을 금처럼 아껴 쓴다. 당신도 부자들처럼 부동산으로 연금을 받는 방법은 간단하다. 부자들이 갔던 올바른 길로 정확하게 가면 된다. 한눈팔지 말고 오로지 목표만을 바라보고 간다면 어느새 10억 부자의 반열에 오를 수 있다. 10억 부자는 누구나 될 수 있다.

부동산 투자로 연금을 받으려면 생각의 오류에서 벗어나야 한다. 많은 돈이 있어야 한다는 고정관념들에서 벗어나야 한다. 역발상의 투자 방식도 도움이 될 것이다. 다수가 가는 길엔 파이가 그만큼 줄어든다. 고정관념을 버리면 기회를 얻고 경제적 부를 지킨다.

매월 100만 원에서 300만 원 정도의 연금을 만들 수 있다. 누구나 실행하기만 하면 가능하다. 그렇다고 쉽기만 한 것은 아니다. 국민연금과 주택연금을 활용하고 매월 추가 월급을 만들어 노후를 여유롭게 살 수 있다.

최근에 한국은행에서 금리를 내렸다. 기준금리 0.75%가 되었다. 대출 이자가 저렴해지니 갚아야 할 돈이 적어진다. 이로 인해 부동산 가격이 더욱 상승할 수밖에 없다. 지금 현시대 상황을 이용해서 시작하면 된다. 하지만 우리는 대부분이 결정 장애를 겪고 있다. 책을 읽는 것에서 자기만족을 한다. 당신이 해야 할 일이 있다. 빈 노트에 지금 당장 해야 할 일들을 적어본다. 제일 빠르고 누구나 실현 가능한 방법이다. 무조건 시작하라.

첫 번째, 이 책을 모두 읽고 나면 당장 경매에 대한 책을 여러 권 산다. 그 책들을 일주일 내에 빠르게 읽는다. 읽으라고 하면 대부분 사람은 열심히 공부한다. 그리고 포기한다. 왜? 처음 보는데 당연히 어렵고 시간이 흐르면 동기 부여도 사라지게 된다. 말 그대로 책을 사서 목차를 본다. 궁금한 내용만 찾아서 본다. 다시 목차를 본다. 그리고 맘에 드는 목차를 찾아서 읽어본다. 이걸 계속 반복한다. 책에 이런 내용이 있다는 것을 찾아보는 거다. 책을 공부하라는 것이 아니다. 다시 한 번 말하지만, 고시 공부, 수능 대비를 하는 게 아니다. 그냥 '경매가 이런 거구나.' 하고 알면 된다. 세부 내용을 외울 필요 없다.

두 번째, 집 주변의 경매 학원을 찾아서 등록한다. 한 달만 배워도 된다. 좋은 학원이라면 몇 개월을 수강해도 된다. 요즘에는 온라인 강의도 많이 있으므로 이를 이용해도 좋다.

세 번째, 한 달 안에 최소 자금으로 투자를 시작한다. 돈 없다는 핑계 대지 말고 금액을 500만 원에서 2,000만 원으로 시작한다. 더 큰 금액이 있다고 해도 한두 번 투자할 때는 절대로 무리하지 않는다.

네 번째, 경매를 받는다. 한 달 안에 입찰을 시도해본다. 500~2,000만 원으로 경매를 받는다. 여기서 알아야 할 게 있다. 나의 눈높이를 많이 낮춰야 한다. 투자 금액을 잘 이해하고 듣기 바란다. 보통 1억 미만의 부동산 물건이 좋아야 얼마나 좋겠는가? 나는 돈을 벌려고 하는 거다. 빌라나 아파트에 살려고 투자하는 게 아니라는 것을 명심하고 투자해야 한다. 어떤 집이든 낙찰받고 나서 기본적인 수리, 도배와 장판을 하면 된다. 그런 집을 급매로 팔거나 월세 수익으로 돌려도 된다.

다섯 번째, 낙찰을 못 받았다면 받을 때까지 첫 번째부터 네 번째의 과정을 계속 반복한다.

여섯 번째, 낙찰을 받아서 경비, 이자 모든 것을 빼고 월 20만 원이 들어온다면, 경매를 반복해서 똑같은 방법으로 부동산을 늘리면 된다. 1개 낙찰받으면 20만 원, 10개 낙찰받으면 200만 원이다.

너무 쉽지 않은가? 되고 안 되고의 차이는 내가 시작했느냐 하지 않았느냐에 달려 있다. 물론 1년에 3~4번 낙찰받는다면 2~3년이 걸릴 수도 있다. 하지만 한평생 살면서 희망이 없던 당신에게 새로운 길을 여는 데 2~3년은 결코 긴 시간이 아니다. 지금 당장 실행하라.

조금의 망설임도 없이 행하라. 당신이 원하고 구한다면 부동산으로 연금을 받을 수 있다. 실행 방법을 알려줘도 대부분의 사람은 시도조차 하지 않을 것이다. 과거에도 그래 왔고 미래에도 그러할 것이다. 하지만 당신은 할 수 있다. 일단 시작하고 후회해도 늦지 않다.

| 월급쟁이를 위한 부동산 투자 스쿨

당신의 노후, 부동산이 답이다

부동산에서 일하다 보면 퇴직 후 점포를 알아보는 사람들이 많이 찾아온다. 은퇴는 우리의 생계를 불안하게 만든다. 경험 없이 창업했다가 가지고 있던 퇴직금과 자산까지 모두 날려버렸다는 이야기를 종종 듣는다. 그래서 대부분 퇴직자는 프랜차이즈 가맹점을 알아보고 커피숍이나 식당을 운영한다. 하지만 그 분야를 모르는 상태에서 본사 시스템만 의지해서는 성공하기 어렵다. 요즘은 퇴직 시기가 점점 빨라진다. 100세 시대에 50대가 되면 퇴직을 준비해야 한다. 정부가 추진하는 고용 창출 노동 개혁의 일환으로 임금피크제가 있다.

조기 퇴직으로 인한 노년의 일자리 보장이다. 부동산에서 일하던 당시 내가 거래하던 거래처 사장님도 그런 상황을 마주하게 되었다. 그는 다른 결정을 내렸다. 당당히 퇴직을 선택한 것이다. 몇 년 전부터 오피스텔에 투자해서 월세를 받는 시스템을 만들어놓았다. 그렇게 그는 제2의 인생을 부동산 투자로 시작했다. 현재는 활기찬 인생을 살고 있다.

하지만 대부분 사람은 은퇴를 두려워한다. 은퇴 후 40년 이상 살아갈 준비가 되어 있지 않기 때문이다. 100세 시대를 살고 있는 현실 속에 준비 없는 노후는 꿈도 꿀 수 없기 때문이다. 지금까지 내가 경험한 실패와 성공 사례를 통해 많은 사람이 실패 없이 빠른 시일 안에 경제적 자유를 누릴 수 있는 시간이 오기를 기대한다.

경제적 자유를 얻기 위해 일하는 것은 더 이상 일이 아니다. 흥미 있는 취미 생활이 되는 것이다. 직장을 다니든, 사업을 하든 은퇴는 누구에게나 온다. 우리가 생각하는 것보다 더 빨리 찾아온다. 준비되지 않은 은퇴는 우울한 인생을 만들 것이다. 오직 생존을 위해 하루하루를 산다면 그 삶이 어떠할까? 자신의 시간을 스스로 통제하고 월세 나오는 시스템을 만드는 방법이 최선이다.

불확실한 현실에서 살아남을 방법은 자신을 지키는 방법뿐이다. 현실에서 확실한 것은 거의 없다. 소형 아파트와 수익형 부동산이 당신의 노후를 지켜줄 수 있다. 대한민국에서 서민이 노후를 대비하기란 쉽지 않다. 매월 받는 월급으로는 하루하루 살기 바쁘다. 그렇다면 장기적인 방법으로 노후 대비할 수 있는 방법은 부동산 투자밖에 없다. 무리한 투자를 하지 않는다면 이것보다 확실한 방법은 없다. 빈부격차는 계속 커질 것이다. 임대인과 임차인의 차이도 벌어질 것이다.

당신은 어떻게 살 것인가? 임대 수익을 원하는가? 그렇다면 지금 당장 실행하면 된다. 부동산 다주택 투자하여 노후에 월세를 받아서 살 수 있다면 지금 당장 부동산 투자를 한다. 진정한 자유를 찾기 위해서는 현실에서의 불편을 참아야 한다. 공무원처럼 정년 보장되고 퇴직 후 상당한 연금을 받는다면 이야기가 달라지겠지만, 이 글을 읽는 월급쟁이인 당신은 당장 미래를 준비할 방법도 모르고 시작도 못 하는 어려움에 봉착할 것이다. 투자는 하고 싶지만, 주변에서 반대하거나, 스스로도 안전하고 편안한 길을 가고자 할 것이다. 하지만 미래를 준비하지 않는 당신에게 장밋빛 희망은 없다.

내가 이 글을 쓰는 이유는 하나다. 행복한 자유와 풍족한 노후를 위해 무엇을 해야 할지도 모르는 월급쟁이 초보 투자자들에게 도움을 주고자 함이다. 그들에게 나의 시행착오를 통해 올바른 길로 빠르게 나아가리라는 확신을 주고 나의 경험과 지식을 나눠주고 싶은 열망 때문이다. 경제적 자유를 원하는 사람들에게 희망을 전해주고 부동산 투자에 입문할 수 있도록 도와주는 것만으로도 나의 노력은 성공한 것이다.

부동산 투자를 수억에서 수십억을 가진 부자들만의 놀이터로 생각하는 분들이 많을 것이다. 월급쟁이가 종잣돈을 모으면 얼마를 모을 수 있을까? 대부분 사람은 1억 미만이 50% 이상일 것으로 보인다. 모든 물건은 도매 가격과 소매 가격으로 나눌 수 있다. 그 외로도 나눌 수 있지만 보통 사람들이 접근하기 어렵기 때문이다. 일단 도매 가격이라 하면 급매와 경매로 나온 물건을 들 수 있겠다. 상가나 아파트 미분양 또는 직원 가격으로 넘기는 경우도 있다. 이런 물건들이 도매가 물건이다.

나는 부동산으로 돈을 벌어보았다. 2주일에 4천만 원도 벌었다. 그때는 세상이 내 마음 같았다. 당신이 하루에 10만 원 버는 삶에 안주한다면 매일 돈에 쫓기는 생활을 하게 될 것이다. 하지만 하루에 100만 원 벌겠다는 생각을 한다면 빠른 시일 안에 그렇게 될 확률이 높다.

당신은 하루에 10만 원 벌 것인가? 100만 원 벌 것인가? 선택은 당신의 몫이다. 다시 한 번 말하지만, 경제적 자유를 얻기 위해 일하는 것은 일이 아니다. 흥미 있는 취미 생활이 되는 것이다. 직장을 다니든 사업을 하든 은퇴는 누구에게나 온다. 무엇보다도 최우선 과제로 월세가 나오는 부동산 시스템을 하루빨리 구축해야 할 것이다.

더 나은 당신의 노후를 위해 꼭 준비해야 한다.

04

경제적 자유는 결코 환상이 아니다

경제적 자유를 꿈만 꾼다면 아무런 소용이 없다. 매일매일 나의 목표와 의지를 되살려야 한다. 부자가 되거나 성공한 대부분 사람은 매일매일 도전했던 사람들이다. 중간에 실패해도 포기하지 않는다면 성공하거나 부자가 된다.

그들의 하루는 남다르다. 하루가 24시간이 아니라 72시간을 쓰는 듯 보인다. 열정이 넘쳐난다. 불평불만을 할 시간이 없을 만큼 모든 게 도전이고 그것이 생활화되어 있다. 성공하거나 부자인 사람을 직접 본다면 그 사람들의 일 처리량을 보면 놀랄 수밖에 없다.

내가 최근에 만난 D는 40대 초반의 100억대 사업가이며 작가였다. 그의 하루를 옆에서 지켜보았다. 그는 강의하고 쉬는 시간에 유튜브와 카페를 관리한다. 틈틈이 카톡에 답장한다. 업무 지시도 카톡이나 문자로 한다. 하루에 찍어서 올리는 동영상은 4개 정도이고, 카페에 댓글도 직원들보다 많이 단다. 초인적인 업무 일정을 소화한다. 열정을 떠나 초인적인 힘을 사용한다. 그의 부인 역시 남편이 초인처럼 느껴진다고 말할 정도였다. 그는 일반 사람들과 쓰는 시간이 다르다고 했다. '잠을 자기는 하나?' 하고 생각될 정도였다. 자기가 하는 모든 일에 고도의 집중과 몰입함으로써 다른 사람의 시간보다 많은 업무를 처리했다. 100억 부자는 부동산 투자도 열심히 한다. 평범함을 떠나 초인이 되기까지 고생도 많이 했다고 한다.

그는 아침에 일어나면 세수를 하고 맨손체조를 5분간 한다. 명상을 5~10분간 한다. 그리고 책을 한 권 읽는다. 10분도 좋고 1시간도 좋다. 그리고 자신만의 비밀 일기를 쓴다. 그다음 자신의 일과를 시작한다. 이 방식은 성공한 사람들의 생활 습관이다. 그렇다면 당신도 해보는 게 좋다. 손해 볼 건 없으니 말이다. 이렇게 하루를 시작해야 장기적인 계획들과 힘든 하루하루를 버틸 수 있는 영적인 부분에 도움을 받는다고 한다.

경제적 자유를 얻기 위해서는 노력이 필요하다. 매월 10만 원이라도 더 버는 방법을 찾는다. 돈 버는 시스템을 만들고 그걸 꾸준히 유지하면 된다. 그래서 아침에 명상이 꼭 필요하다. 매월 들어오는 월급과 부수입으로 하루 1~2시간으로 할 수 있는 일을 찾는다. 편의점 아르바이트를 하라는 소리가 아니다. 시간을 투자해서 부동산 공부를 먼저 해야 한다. 부동산 투자 관련 금융 공부가 되어 있어야 경제적 자유를 빠르게 얻는다. 꿈과 목표는 분명하게 다르다. 경제적 자유를 생각만 한다고 되는 것은 아니다. 구체적인 목표가 있고 세분화되어 이룰 수 있게 해야 한다.

당신이 생각하는 부자의 기준은 어떤가? 10억? 100억? 아니면 그 이상 있어야 부자일까? 부자의 절대 금액은 없다. 당신이 정하면 되는 것이다. 나의 소득이 지출보다 많아야 한다. 그렇다면 어떻게 해야 수입이 지출보다 많아질까? 부자가 되기 위해서는 본인을 먼저 알아야 한다. 자신이 얼마를 벌고 총지출이 얼마인지부터 알고 계획을 세워야 한다. 개인 재무제표를 작성해서 들어오는 돈과 나가는 돈의 출처를 정확히 알고 재무 목표를 세워야 한다. 다른 방법은 300만 원을 지출한다면 한 달에 천만 원 버는 방법을 찾아서 실행하는 것이다.

자세히 설명하겠다. 우선 얼마를 벌고 있는지 파악하는 게 중요하다. 세후 월 수익과 추가 소득이 있으면 더하면 된다. 실제로 급여 통장에 입금되는 금액을 확인하면 된다. 부동산 월세 수익이 들어온다면 더해서 계산한다. 추가로 상여금과 성과급이 있다면 월평균으로 실소득을 계산한다. 가계부도 쓰고 있지 않다면 지출 명세를 알기가 어렵다. 대부분이 신용카드를 사용하고 큰 금액은 할부로 계산하기 때문에 월 지출금액을 정확히 알기가 어려운 것이다. 그러므로 정확하고 합리적인 저축 계획을 세우기 어려울 수밖에 없다.

소득을 늘리고 지출은 줄이는 방법을 설명하겠다.

첫 번째, 자신의 능력을 키운다. 자기계발을 하라는 것이다. 돈이 없다면 서점에서 관련 분야 책을 사서 읽어라. 부동산 투자 세미나에 참석하거나 부동산 강의를 듣는다.

두 번째, 갈고닦은 지식으로 새로운 소득원을 찾는다. 이 방법은 이 책에 자세하게 설명을 해두었다. 다시 한 번 말하자면 은행 돈을 이용하여 부동산을 구매하는 방법이다. 집 한 채에 20만 원이 남는다면 10채면 월 200만 원이라는 고정 수입이 생긴다. 물론 수리비 등 기타 비용을 고려해야 하지만 설명을 쉽게 하려고 단순하게 설명했다. 조금만 더 노력한다면 100채도 가능하다. 2천만 원이라는 돈이 매월 들어온다. 이렇듯 부동산 수익은 당신을 경제적 자유에 한 걸음 가까이 다가서게 할 것이다. 그러니 부동산 공부는 필수로 해야 한다. 하지만 이런 방법을 쓰기 이전에 종잣돈을 마련해야 한다. 종잣돈과 부동산 전문 지식이 필요하다. 지출을 줄이는 방법은 누구나 알고 있지만 실천하지 않는다. 가계부를 쓰고, 통장을 분리하고, 신용카드 없애기를 하는 것이다.

지출을 줄이는 데 필요한 가계부 쓰기. 가계부를 써야 한다는 얘기는

다들 들어봐서 알지만 한두 달 쓰고는 포기한다. 왜냐하면, 수입이 적고 지출이 많으니 스트레스만 쌓이기 때문이다. '뭐 남는 게 있어야 적금도 넣고 종잣돈을 만드는데….'라는 생각을 한다. 하지만 가계부의 중요성은 그것만 있는 게 아니다. 예산을 계획하고 계획한 대로 집행했는지 예산과 결산 평가를 하는 것이 중요하다. 가계부의 기록한 내용을 가지고 계획을 세우고, 결과를 확인 평가해서 지출을 줄이는 방법을 찾는 것이다. 너무 꼼꼼하고 세세하게 가계부를 작성할 필요는 없다. 콩나물 1,000원, 두부 1,000원 이런 식으로 적다 보면 시간이 오래 걸리고 짜증이 난다. 그냥 부식비 2만 원, 핸드폰 통신비 5만 원, 이런 식으로 적으면 된다. 이것이 정신 건강에도 좋은 가계부를 적는 방법이다.

항목	부식비	관리비	교육비	통신비	용돈	보험료
지출예산	500,000	300,000	500,000	150,000	남편 500,000 아들 100,000 아내 500,000	300,000
5월 09일	외식 60,000					
5월 12일		300,000				
5월 17일				150,000		

이런 식으로 적으면 된다. 요즘은 스마트폰으로 가계부 앱을 이용해도 된다. 스마트폰은 항시 손에 들고 다니기 때문에 수시로 작성할 때 편리하다.

세 번째, 통장 분리하기. 요즘은 인터넷 뱅킹으로 계좌에 찍힌 숫자만 확인한다. 예전에는 아버지가 월급을 받아오실 때면 얼큰하게 취하셔서 비틀거리며 통닭을 사 오셨다. 이제는 이런 낭만도 없지만 말이다. 월급을 교육비 통장, 보험료 통장, 부식비 통장, 관리비 통장, 예비 통장을 만들고 자동이체를 해놓으면 자동으로 정리된다. 그리고 특별한 노력 없이도 지출을 줄이고 돈을 모을 수 있는 큰 효과를 얻을 수 있다. 지금 당장 실천하기를 바란다.

다음은 신용카드 없애기다. 신용카드는 잘만 사용하면 램프요정 '지니'가 된다. 내가 원하는 것을 가질 수 있게 해주기 때문에 습관처럼 할부 결제를 한다. 통장 잔액과 무관하게 마음대로 한도 내에서 결제가 가능하기 때문에 부자 되는 방해꾼의 역할을 한다. 10만 원, 20만 원, 3개월 할부로 계속 쓰다 보면 매월 결제해야 할 금액이 눈덩이처럼 불어나 계획적인 관리가 되질 않는다. 그러므로 카드는 없애는 게 좋다. 체크카드를 사용해서 통장 잔액만큼 계획한 금액만큼만 소비하자. 저자도 카드를 없애고 체크카드를 사용한다. 수시로 잔액을 확인하고 충동구매를 줄일 수 있었다. 물론 처음부터 그렇게 순조로운 것은 아니었다. 아내가 마트에서 물건을 구매하고 결제를 하는데 통장 잔액 부족으로 난처한 경우를 수없이 당했다. 하지만 이제는 미리미리 잔액을 확인하고 충동구매와 계획에 없는 돌발 행동은 하지 않게 되었다. 꼭 필요한 경우는 예비 카드로 결제를 진행했다.

이렇듯 수입과 지출을 정확히 알고 계획된 예산을 사용한다면 종잣돈 마련은 어렵지 않을 것이다. 하지만 대부분의 사람은 노후 걱정만 한다. 실행은 하지 않으면서 경제적 자유를 꿈만 꾸는 이유가 뭘까? 너무 큰 것을 바라는 마음과 현실의 차이가 커서 자포자기하는 건 아닌지 생각해보자.

모든 것이 마음가짐인 것 같다. 절대 포기하지 않고 큰 목표는 작게 나누어 하나씩 이루어가면 된다. 우선 일과를 부자들과 같이한다. 그리고 종잣돈 천만 원을 모으고 부동산 공부를 제대로 해서 투자하면 된다. 부동산 투자에 한 번 성공했다면 종잣돈을 모으고 투자한다. 이걸 계속 반복하면 된다. 도중에 포기하지만 않는다면 당신도 경제적 자유를 누릴 그날이 올 것이다.

부동산 투자는 부의 추월 차선이다

『부자 아빠 가난한 아빠』란 책을 보았는가? 그 책의 수명이 엄청 길다. 재테크나 투자에 관련된 책들은 일반적으로 수명이 1년 이내로 짧다. 책을 내고 1년이 지나면 세법도 바뀌고 금융경제 상황도 바뀌기 때문에 독자들의 사랑을 받기 어렵다. 그런데 『부자 아빠 가난한 아빠』는 20년을 전 세계 독자들에게 사랑받고 있다.

이 책이 처음부터 사랑을 받은 것은 아니다. 현실과 맞지 않는다며 돈만 밝히고 천박하다며 비판을 받았다. 20년이 지난 지금 다시 읽어보니 의미 있는 내용과 삶에 직접 적용할 방법도 실용적이다.

로버트 기요사키는 책에서 부자 아빠와 가난한 아빠를 상반된 견해와 입장을 선택하느냐에 따라 부와 가난이 결정된다고 말하고 있다. 그는 부채를 줄이고 자산을 늘리면 된다고 말한다. 자산과 부채의 정의를 새롭게 했다. 그가 주장하는 자산이란 수입을 가져다주는 것이라 말한다. 부채란 지출을 만드는 것이라고 정의한다. 그러므로 집 담보대출로 산 집은 부채이고, 매월 월세가 나오면 자산이 된다는 논리다. 자신은 일하지 않아도 알아서 돈을 벌어주는 부동산과 지식재산권, 특허권 등을 이용해 경제적인 자유를 누릴 수 있다고 말한다.

그렇다면 처음부터 부자였을까? 아니다. 그는 종잣돈이 없었다. 처음에는 부동산 투자 세미나에서 공부하고 월세를 받는 조그만 부동산에 투자했다. 내 돈 하나도 없이 투자해서 돈을 버는 방법을 배웠다. 처음 책을 접한다면 황당한 이야기이다. 금융 공부를 제대로 하지 않은 당신이 이해를 못 하는 게 맞다. 그는 1997년 IMF 경제 위기, 2008년 금융위기 등 수많은 위기를 감지했다. 돈을 관리하고 숫자를 이해하는 금융 지식을 높여야 한다고 주장했다. 이게 참 어려운 말이다. 내 돈 하나 없이 부동산을 매입한다? 이 책을 읽고 있는 대부분의 독자도 이해하기 어려울 것이다. 하지만 그는 아직도 자기의 논리가 맞다는 것을, 부동산 투자는 부의 추월 차선임을 증명했다. 그런데도 당신은 변명거리만 찾고 있는가?

'너무 늦은 건 아닐까?'
'로버트 기요사키는 20년 전에 시작했잖아?'

'난 종잣돈도 없다고!'

'부동산 투자 세미나, 그거 비싼 것 아니야?'

'책과 현실은 달라!'

'난 안 돼.'

뭐가 안 되는 걸까? 뭐가 부족한 걸까? 혹시 이런 생각으로 하루를 보내는 건 아니길 바란다! 당신이 부자가 되면 안 되는 이유를 생각해보자. 어느 누가 당신은 부자가 되면 안 된다고 했는가? 그렇다면 어디서부터 무엇을 시작해야 할 것인가? 현재 우리는 엄청난 정보의 홍수 속에서 살고 있다. 나에게 이익이 되는 꿀 같은 정보가 있는 반면 나에게 독이 되고 나의 귀중한 시간을 좀먹는 정보들도 있다. 따라서 그것이 당신을 힘들게 하지는 않는지 생각해보아야 한다.

넘쳐나는 정보 속에서 당신은 올바른 선택을 하기 위해서는 어떻게 해야 할지를 결정해야 한다. 처음에는 무엇이 옳고 그른지를 판단하기 어려울 것이다. 유튜브를 끄고 부동산 투자 세미나에 참석하거나 부동산 투자 강의를 들어라. 돈이 없다고? 그럼 10권, 20권 책을 읽어라. 부동산 재테크 책을 쉬지 말고 단기간(1~2주) 안에 읽어라. 다른 것은 생각할 필요도 없다. 읽다 보면 뭔가 머릿속에 남는 게 있고 깨우침을 얻을 수 있다. 한 가지에 고도의 몰입과 집중을 하게 되면 당신도 어느새 부동산 투자에 대해 이해하게 될 것이다.

당신이 처한 환경을 탓하고 불평하는 것보다 어떻게 하면 이 상황을 벗어날 수 있는지를 밤낮없이 생각하고 집중한다면 그것에 대한 답을 찾을 수 있다. 부의 추월 차선에 합류하고 싶지 않은가? 몰라서 못 한다는 변명은 하지 말자. 방법은 모두 알려주었다. 그런데도 어렵다고 생각한다면 이제는 마음가짐의 문제로 넘어가야 한다.

책을 쓰는 나도 그랬다. 마음은 해야 한다고 하지만 몸이 따르질 않았다. 아침에 일찍 일어나서 미라클 모닝을 하려고 해도 그럴 마음뿐 몸은 그렇지 못했다. 이것의 원인은 나중에 알 수 있었다. 40대에 찾아온 호르몬 변화였다. 남성 호르몬이 줄어들고 여성 호르몬이 늘어났다. 드라마를 보면 눈물이 나고 하고자 하는 의욕도 줄어들었다.

이런 변화는 한 번에 오는 게 아니라서 세심하게 나를 살피지 않으면 알 수 없는 변화였다. '가랑비에 옷 젖는다'는 옛말처럼 서서히 내 몸에 젖어들었다. 열정이 식어가고 있다는 것을 깨닫게 되었다. 나는 당장 근력 운동을 시작했다. 팔굽혀펴기와 철봉, 데드리프트, 걷기 운동도 했다. 시간이 지날수록 나의 열정과 일을 하고자 하는 의욕도 돌아왔다. 차츰 활동적인 나 자신을 찾을 수 있었다. 당신도 그럴 수 있다. 물론 젊은 나이라면 운동 부족이 원인일 수 있다.

요즘은 교통이 발달하다 보니 걷는 시간도 별로 없다. 근육 운동을 시작해보자. 그런 문제가 아니라면 마지막 하나는 정신력이다. 정신력에 문제가 생겼지만, 서서히 잠식해서 변한 것을 알지 못할 수 있는 것이다. 이럴 때는 명상을 해야 한다. 나 자신에게 어떤 변화가 생겼는지 확인해야 한다. 명상은 쉽게 배울 수 있다. 호흡 명상이 기본이다. 명상하고 나 자신의 변화를 찾아서 해결할 수 있다면 이제 당신은 부의 추월 차선에 들어설 준비가 된 것이다. 그리고 다시 부동산 투자 세미나에 참석하고 시간을 내서 부동산 투자를 시작한다면 머지않은 때 당신은 부의 추월 차선에서 웃고 있을 것이다.

이쯤에서 책을 덮고 생각해봐야 한다. 부자 아빠, 가난한 아빠 중 과연 나는 어떤 아빠일까? 우리나라에서도 사용 가능한 방법일까? 그렇다면 나는 어떻게 해야 할까? 책만 읽는 것이 아니라 책을 읽으면서 사색할 시간이 필요하다. 빨리 읽고 책꽂이에 넣어둔다면 도움이 되질 않는다. 책을 읽고 당신의 생각을 정리해야 한다. 그리고 당신에게 맞는 방법을 생각해야 한다. 아무리 좋은 약이 있어도 먹지 않는다면 소용이 없다.

이 책으로 인해 당신의 인생이 변하길 기도하겠다. 항상 좋은 결과가 있기 바란다.

우리나라에서 돈을 많이 번 사람들의 공통점은 부동산 투자를 했다는 것이다. 주식으로 돈을 벌어도, 장사해서 돈을 벌어도, 사업으로 돈을 벌어도 부동산 투자는 꼭 한다. 이유가 뭘까? 또한 부동산 부자는 집이 여러 채이다. 세금을 내면서도 부동산을 여러 채 가지고 있는 이유는 뭘까? 부동산은 조금씩 계속 오르기 때문이다. 대한민국이라는 작은 땅덩어리에서 집이란 최우선으로 가져야 하는 부동산이다.

06

당신도 부동산 투자의 추월 차선에 올라타라

당신은 인생이라는 긴 터널을 지나고 있다. 당신의 선택이 당신을 부의 추월 차선에 오르게 할 수도 있고, 그렇지 않을 수도 있다. 고속도로를 타고 달리기로 했다면, 부의 추월 차선에 올라타기로 선택했다면, 그다음은 내비게이션에 최종 목적지인 '부동산 투자'를 입력해야 한다. 당신의 인생은 당신이 선택할 자유가 있다. 서행 차선과 추월 차선, 어떤 것을 선택할 것인가? 서행 차선에서 추월 차선으로 변경하려고 결정했다면 그다음은 깜빡이를 켜고 핸들을 돌리고 속도를 높이면 된다. 그리고 앞을 보고 달리면 된다. 물론 가끔은 옆을 봐도 좋다. 하지만 전방을 주시하고 달려야 한다.

근심 걱정 없이 살 수 있다면 어떤 기분일까? IMF나 경제 대란 같은 외부 영향을 받지 않고 안정적인 삶을 살 수 있다면 어떨까?

　우리는 모두 경제적 자유와 행복을 원한다. 시간과 경제적으로 자유로운 삶을 꿈꾼다. 우리가 투자한 부동산이 안정적으로 경제적 자유를 끝없이 해결해주기 원한다. 그렇다면 진정한 경제적 자유의 상태란 무엇인가? 재정적인 여유만을 의미하는 것은 아니다. 그것은 정신적 안정도 포함한다. 진정한 경제적 자유란 부동산 폭락 속에서도 흔들리지 않는 일정한 수입을 주는 부동산을 갖추는 것일 것이다. 흔들리지 않는 자산, 그어떤 외부의 영향을 받지 않는 자산을 구축한다면 부의 추월 차선에 안전하게 올라타게 될 것이다. 하지만 요즘 같은 혼돈의 시대에 외부의 영향을 받지 않는 자산을 구축할 수 있을까? 일장춘몽이 되는 건 아닐까?

　세계 경제를 흔들었던 2008년 금융위기가 기억난다. 나와 관계없는 다른 나라의 경제적 쓰나미가 한국에 있는 나에게까지 절망과 두려움을 주었던 것을 말이다. 부동산 시장이 무너져 당신의 집값도, 나의 집값도 추락했다. 이유 없이 몇 억을 손해 볼 수밖에 없었던 현실이었다.

　지금은 이렇게 말하지만, 그 당시에는 평생 모은 돈을 날리고, 회사에는 월급을 압류한다는 법원 문서가 날아왔다. 부동산 시장에 불어 닥친 경제적 위기가 없으면 얼마나 좋았을까? 세상은 조용하고 평화롭고 세계 경제도 안정적으로 제자리를 찾고 고도 성장했을 텐데 말이다. 그러나 현실은 불안정하고 정신없다. 우리나라도 마이너스 금리 시대를 향해 가고 있다. 은행이란 적금을 하면 이자를 받고, 다른 사람에게 빌려주고 돈을 버는 곳이다. 하지만 이제는 은행에 돈을 맡기려면 돈을 내야 하는 시대가 오고 있다는 것이다

우리는 이렇게 비정상적인 세상 속에 살고 있다. 저축으로 돈을 모으던 시대는 사라져가고 있다. 이렇게 혼란스러운 세상에 사는 나나 당신 같은 사람은 어떻게 미래를 준비해야 할까? 앞이 깜깜하고 혼란스럽다고? 나도 이해한다. 그래서 나는 호황과 불황에도 돈을 버는 방법을 알고 있는 수백 수천억 자산가들의 대답과 비결을 공유했다. 이 방법을 사용하면 이 책을 읽는 독자들도 이 시대에 경제적 자유를 거두는 법을 알게 될 것이다.

먼저 경제적 자유를 얻기 위해서 반드시 미래를 예측할 필요는 없다. 당신이 지금 해야 할 일은 '통제' 가능한 일에만 집중하는 것이다. 우리는 부동산 시장을 흔들 수도 없고 고도성장만을 하게 할 수도 없다. 당신이 시장을 예측하고 통제하기에는 세상이 너무 복잡하다. 5G 스마트폰 속도만큼 세상도 너무 빨리 변화해서 내가 통제하기란 불가능하다. 그러나 '당신이 통제할 수 있는 것'에 초점을 맞추고 행동한다면 부의 추월 차선에서 달리게 될 것이다.

내가 통제할 수 있는 것에만 신경 써라. 이것이 바로 그 비법이다. 머

릿속 생각만으로, 긍정적인 사고만으로는 부의 추월 차선에 올라설 수 없다. 자기 최면만으로는 충분하지 않다. 경제적 자유를 누리길 위해서는 구체적인 전략이 필요하다. 당신은 앞서 설명한 부동산을 배우고, 투자하고 다른 투자자들의 심리를 파악하고 그들은 단점과 당신의 장점을 찾아야 한다. 그리고 어떻게 해야 이길 수 있는지 생각해야 한다. 부동산 지식이 당신을 경제적 · 시간적으로 자유롭게 할 것이다.

이 책의 가장 큰 목적은 실천할 수 있는 구체적 방법을 제공하는 것이다. 누구나 알고 있다고 생각하지만 실천하지 않은 것을 모은 실천서라고 생각하면 된다. 제시된 몇 가지 구체적인 계획을 활용하여 지금 당장 시작한다면 어떤 상황에서도 당신은 경제적 자유를 누릴 수 있을 것이다.

실제 많은 사람들이 투자를 가볍게 생각하기에 큰 손실을 본다. 어떤 이들은 전문 지식이 부족해서 무섭고 머릿속이 정리가 안 된 일시정지 상태에서 부동산 투자 결정을 내리고, 그래서 이 경우에는 잘못된 결정을 할 때도 많다. 하지만 이 책을 보며 계획을 세우다 보면 부의 추월 차선은 가까이 올 것이다. 경제적 자유를 얻기 위해 조금만 더 노력하면 된다. 당신이 누구이고 어디에 있든 걱정하지 마라. 하나하나 실천하면 된다. 부동산 투자로 경제적 자유를 원하는가? 이 책의 지식과 수단과 방법을 흡수하고 계획을 세워라. 경제적 자유는 고도의 집중과 몰입이 필요한 분야다. 이 책에 담긴 지혜를 이해하고 응용한다면 당신이 상상한 것보다도 큰 보상을 받을 수 있다.

결정했으면 실천해야 한다. 결정은 운명이요, 실천은 개척이다. 이 책을 읽은 후에 당신이 내린 결정으로 대부분 사람이 꿈만 꾸는 경제적 자유를 누릴 수 있을 것이다.

07

부동산 투자로 인생을 바꿀 수 있다

부동산 투자로 인생을 바꿀 수 있다. 하지만 당신의 생각은 어떠한가? 이 세상 모든 것이 당신의 생각에 달려 있다. '나는 할 수 있다'고 한다면 뭐든지 할 수 있고, 못 한다고 하면 포기할 것이다. 대부분의 사람은 직장생활을 하다 보니 생각이 틀에 박혀 있다. 시키는 것 외에 자기 주도적인 생각으로 행동하는 게 어렵다 보니 쉽게 결정을 못 내린다.

생각만 바꾸면 부동산 투자로 인생을 바꿀 수 있다. '부동산은 비싸다. 부동산에 투자할 돈이 없다.'라는 생각부터 바꿔보자. '그럼 내가 투자 가능한 부동산은 어떤 게 있을까?'를 생각하는 것이다. 아파트, 신축 빌라, 재개발지역, 토지, 상가, 오피스텔, 호텔 등 많다. 그렇다고 모두 돈이 된다는 것은 아니다. 위치와 시간에 따라 복덩이 물건이 될 수도 있다.

이 책이 당신이 경제적 자유를 얻는 데 도움이 된다면 정말로 기쁘겠다. 돈은 누구나 벌 수 있다. 돈 버는 방법은 실제로 간단해서 이런 건 나도 다 아는 이야기라고 할 수도 있다. 이게 다야? 다른 건 없어? 그렇다. 부자가 되는 방법은 다 알려드렸다. 경제적 자유로움과 정신적 풍요함까지 누릴 수 있는 것이 진정한 부자라 말할 수 있다.

다음은 성공한 사람들이 사용한 원칙과 도구 3단계로 성공적인 투자를 하기 위한 방법이다.

첫 번째, 고도의 집중이다. 생각도 에너지의 한 가지다. 고도의 집중력으로 매일 생각한다면 당신의 뇌는 그것이 무엇이든 해결책을 찾으려 할 것이다. 그리고 강력한 집중력이 욕망으로 변화될 것이다. 이런 행위가 당신의 목표를 달성하는 데 도움이 될 것이다.

두 번째, 그다음이 몰입이다. 지속적인 고도의 집중과 몰입으로 당신의 삶을 이어간다. 생각은 행동으로 전환될 것이다. 행동으로 당신에게 가장 적합한 방법을 끊임없이 생각하고 변화시킴으로써 10년 걸릴 일을 3년 안에 끝낼 수도 있다.

세 번째, '행운'이다. 행운을 감사하게 받아들이고 매일매일 감사할 수록 더 많은 행운이 찾아오는 경험을 할 수 있다.

'내가 지금 기억해야 할 것은 무엇인가?'
'집중해야 할 것은 무엇인가?'
'믿어야 할 것은 무엇인가?'
'해야 할 일은 무엇인가?'

떠오르는 생각을 적어라. 당신의 마음 깊은 곳에서 당신의 물음에 답할 것이다.

완벽한 목표를 세우고 실천해도 우리의 인생은 100% 통제가 어렵다. 그렇기 때문에 앞서 나온 방법이 필요한 것이다. 목표를 세우고 고도의 집중과 몰입을 하고 행동한다. 매일매일 감사함으로 기도한다. 그러면 당신의 인생은 풍요로움으로 가득 찰 것이다. 돈도 많고 성공했다면 일상의 행복을 찾아라. 행복과 경제적 자유, 모든 일은 마음먹기에 달려 있다. 무의식적인 습관을 버리고 뚜렷한 목표를 정한 후 결정한다. 당신이 무엇에 생각을 집중하기로 선택했느냐에 달려 있다.

결정하기 전에 안 좋은 생각이 떠올라서 고민이라면 명상이 도움이 된다. 커다란 문제 발생 시 당신의 뇌는 위험 상황에 노출된 당신을 보호한다. 실패와 걱정으로 당신에게 변명거리를 안겨준다. 이런 상황일 때 간단한 명상법이 있다. 방법은 간단하다. 한쪽 코를 막고 숨을 천천히 들이마신다. 입으로 천천히 오랫동안 내뱉는다. 이렇게 한다면 숨을 천천히 마시고 내뱉기를 할 수 있다. 머릿속에 복잡한 생각들이 조금씩 가라앉을 때까지 하면 된다. 3분도 좋고 10분도 좋다. 숨쉬기만으로도 훌륭한 명상이 된다. 객관적인 시선으로 당신의 문제를 바라보게 된다. 제삼자로서 현재 상황을 그냥 바라보는 것이다. '아, 저런 황당한 문제가 있네!' 화가 난 나 자신, 공포에 휩싸인 자신을 볼 수 있다. 슬프거나 힘들고 짜증 날 때 올바른 선택을 할 수 없기에 명상은 당신에게 현명한 선택과 결정을 내리는 데 도움을 줄 것이다. 행복한 삶, 풍요로운 경제적 자유를 꿈꾼다면 감사하는 마음에 집중해야 한다. 감사와 행복은 어떤 상황에서도 당신이 올바른 선택을 할 수 있게 해주는 '신'의 선물이 될 것이다.

감사의 마음으로 질문하라!

'내가 지금 기억해야 할 것은 무엇인가?'
'집중해야 할 것은 무엇인가?'
'믿어야 할 것은 무엇인가?'
'해야 할 일은 무엇인가?'

떠오르는 생각을 적어라. 마음 깊은 데서 당신의 물음에 답할 것이다.

인생을 바꾸고 싶은가? 당신보다 크고 위대한 열정을 가질 대의명분을 찾아라. 다른 사람을 돕는 것이 당신을 부자로 만들어주는 방법이다.

이 책이 경제적 자유를 향한 당신에게 진정한 도움이 될 수 있길 바란다. 당신이 진정 원하는 것을 찾아라. 당신은 그 어떤 사람보다도 위대하다. 당신의 가치를 높여라. 신은 당신이 극복할 수 있을 만큼의 고통을 준다. 매일매일 당신이 감사와 축복 속에서 경제적 자유를 누리길 기원한다.

| 에필로그

부동산 투자로
인생을 바꿀 수 있다

부동산 투자로 인생을 바꿀 수 있다. 당신의 생각은 어떠한가? 이 세상 모든 것이 당신의 생각에 달려 있다. '나는 할 수 있다'고 한다면 뭐든지 할 수 있을 것이고, 못 한다고 하면 포기할 것이다. 직장생활을 하는 대부분의 사람은 생각이 틀에 박혀 있다. 시키는 것 외에 자기 주도적인 생각으로 행동하는 게 어렵다 보니 쉽게 결정을 못 내린다.

생각만 바꾸면 부동산 투자로 인생을 바꿀 수 있다. '부동산은 비싸다. 부동산에 투자할 돈이 없다.'라는 생각부터 바꿔보자. '그럼 내가 투자 가능한 부동산은 어떤 게 있을까?'를 생각하는 것이다. 아파트, 신축 빌라,

재개발지역, 토지, 상가, 오피스텔, 호텔 등 많다. 그렇다고 모두 돈이 된다는 것은 아니다. 위치와 시간에 따라 복덩이 물건이 될 수도 있다.

이 책이 당신이 경제적 자유를 얻는 데 도움이 된다면 정말로 기쁘겠다. 돈은 누구나 벌 수 있다. 돈 버는 방법은 실제로 간단해서 '이런 건 나도 다 아는 이야기'라고 할 수도 있다. '이게 다야? 다른 건 없어?' 그렇다. 부자가 되는 방법은 다 알려드렸다. 경제적 자유로움과 정신적 풍요함까지 누릴 수 있는 것이 진정한 부자라 말할 수 있다.

다음은 성공한 사람들이 사용한 원칙과 도구 3단계로, 성공적인 투자를 하기 위한 방법이다.

첫 번째, 고도의 집중이다. 생각도 에너지의 한 가지다. 고도의 집중력으로 매일 생각한다면 당신의 뇌는 그것이 무엇이든 해결책을 찾으려 할 것이다. 그리고 강력한 집중력이 욕망으로 변화될 것이다. 이런 행위가 당신의 목표를 달성하는 데 도움이 될 것이다.

두 번째, 몰입이다. 지속적인 집중과 고도의 몰입으로 당신의 삶을 이어간다. 생각은 행동으로 전환될 것이다. 당신에게 가장 적합한 방법을 끊임없이 생각하고 행동하며 변화시킴으로써 10년 걸릴 일을 3년 안에 끝낼 수도 있다.

세 번째, '행운'이다. 행운을 감사하게 받아들이고 매일매일 감사할수록 더 많은 행운이 찾아오는 경험을 할 수 있다.

완벽한 목표를 세우고 실천해도 우리의 인생은 100% 통제가 어렵다. 그렇기 때문에 앞서 나온 방법이 필요한 것이다. 목표를 세우고 고도의 집중과 몰입을 하고 행동한다. 매일매일 감사함으로 기도한다. 그러면 당신의 인생은 풍요로움으로 가득 찰 것이다. 돈도 많고 성공했다면 일상의 행복을 찾아라. 행복과 경제적 자유, 모든 일은 마음먹기에 달려 있다. 무의식적인 습관을 버리고 뚜렷한 목표를 정한 후 결정한다. 당신이 무엇에 생각을 집중하기로 선택했느냐에 달려 있다.

결정하기 전에 안 좋은 생각이 떠올라서 고민이라면 명상이 도움이 된다. 커다란 문제 발생 시 당신의 뇌는 위험 상황에 노출된 당신을 보호한다. 실패와 걱정으로 당신에게 변명거리를 안겨준다. 이런 상황일 때 간단한 명상법이 있다. 방법은 간단하다. 한쪽 코를 막고 숨을 천천히 들이마신다. 입으로 천천히 오랫동안 내뱉는다. 이렇게 한다면 숨을 천천히 마시고 내뱉기를 할 수 있다. 머릿속에 복잡한 생각들이 조금씩 가라앉을 때까지 하면 된다. 3분도 좋고 10분도 좋다. 숨 쉬기만으로도 훌륭한 명상이 된다. 객관적인 시선으로 당신의 문제를 바라보게 된다. 제삼자로서 현재 상황을 그냥 바라보는 것이다. '아, 저런 황당한 문제가 있네!' 화가 난 나 자신, 공포에 휩싸인 자신을 볼 수 있다. 슬프거나 힘들고 짜증날 때는 올바른 선택을 할 수 없기에 명상은 당신에게 현명한 선택과 결정을 내리는 데 도움을 줄 것이다.

행복한 삶, 풍요로운 경제적 자유를 꿈꾼다면 감사하는 마음에 집중해야 한다. 감사와 행복은 어떤 상황에서도 당신이 올바른 선택을 할 수 있게 해주는 '신'의 선물이 될 것이다.

이 책에 귀한 시간을 내주셔서 진심으로 감사하다. 이 책이 경제적 자유를 향한 당신에게 진정한 도움이 될 수 있길 바란다. 당신이 진정 원하는 것을 찾아라. 당신은 그 어떤 사람보다도 위대하다. 당신의 가치를 높여라. 신은 당신이 극복할 수 있을 만큼의 고통을 준다. 매일매일 감사와 축복 속에서 경제적 자유를 누리기를 기원한다.